어린이박물관
신라

글쓴이 강응천

서울대학교 국사학과를 졸업하고 세계의 역사와 문화를 우리 시각에서 풀어 주는 책을 쓰고 만들어 왔습니다. 현재 기획집단 '문사철'의 대표로 있으며 MBC 라디오 프로그램 〈타박타박 역사기행〉을 진행하고 있습니다. 그동안 쓴 책으로 『문명 속으로 뛰어든 그리스 신들』 『세계사 신문』 『청소년을 위한 라이벌 세계사』 『세계사와 함께 보는 타임라인 한국사』 등이 있고, 만든 책으로 『한국생활사박물관』 『한국사 탐험대』 『즐거운 역사체험 어린이박물관』 『국사 시간에 세계사 공부하기』 등이 있습니다.

그린이 박재현

대학에서 시각 디자인을 공부한 뒤 그래픽 디자이너로 일하다가 지금은 그림 그리는 일에 푹 빠져 있습니다. 그린 책으로 『신석기 시대에서 온 그림 편지』 『세상에서 가장 힘이 센 말』 『투발루에게 수영을 가르칠 걸 그랬어!』 『나는 늑대예요』 『세금을 지켜라!』 『왜 0등은 없을까?』 『흥문이의 입 냄새』 『정의가 필요해』 등이 있습니다.

어린이박물관
신라

웅진주니어

초대의 글

세계 속의 신라, 신라 속의 경주

어린이 여러분, 안녕하세요? 천년 왕국 신라의 모든 것이 펼쳐질 『어린이박물관 신라』에 오신 것을 환영합니다.

우리나라에는 오랜 역사가 흘러오는 동안 정말 많은 나라가 있었어요. 최초의 국가인 고조선, 북만주를 호령한 부여, 한반도 남쪽에서 아기자기한 삶을 이어 간 삼한 같은 작은 나라, 그리고 삼국 시대를 이룬 신라와 고구려, 백제를 빼놓을 수 없지요. 신라는 고구려, 백제에 비해 발전이 더뎠기 때문에 처음에는 삼국 중에서도 가장 허약한 나라처럼 보였어요. 하지만 나중 난 뿔이 우뚝하다는 속담처럼 서서히 힘을 키워 기어코 고구려와 백제를 통합하고 삼국 통일을 이루었죠.

흔히 신라 하면 수도 경주를 떠올려요. 신라는 천 년 가까이 이어진 나라였는데 한 번도 수도가 바뀌지 않았어요. 그래서 경주를 '천년 고도'라고 부르지요. 천 년에 가까운 수도답게 경주에는 찬란한 신라 문화의 유산들이 남아 있어요. 신라를 건국한 박혁거세를 비롯한

왕들의 무덤, 그 무덤에서 나온 화려한 금관과 유리잔들, 아름다운 동궁과 월지, 첨성대와 석굴암 등 이루 헤아리기 어려울 정도지요. 그래서인지 경주에 다녀오면 신라를 다 알게 된 것처럼 생각할 수도 있어요. 하지만 경주만 보고 판단하기에는 신라는 너무나 폭넓고 다양한 모습을 지녔던 나라랍니다. 옛 고구려와 백제를 품어 안고 새로운 문화를 빚어 나간 통일 신라는 더 말할 것도 없지요.

    이 책에서는 먼저 경주를 벗어나 세계로 뻗어 나갔던 개방적인 신라를 만나 볼 거예요. 신라는 바다 건너 중국의 당나라와 일본, 실크로드 너머 인도와 페르시아, 아라비아까지 알려졌던 유명한 나라였어요. 이 나라 곳곳에는 멀리 서역에서 온 처용, 동아시아의 바다를 지배한 장보고, 실크로드를 누빈 혜초 등 세계적인 인물들이 기다리고 있답니다.

    그렇게 세계 속의 신라를 둘러본 다음에 신라 속의 경주로 들어갈 거예요. 그곳에서 골목골목을 누비며 천년 왕국 신라가 어떻게 탄생하고 발전했는지 살펴보자고요. 도시 전체가 근사한 박물관인 경주에는 박혁거세, 이차돈, 김유신, 김춘추 등 신라의 운명을 떠안았던 영웅들이 기다리고 있답니다.

    자, 이제 크고 넓은 신라를 만나 볼 준비가 되었나요? 크게 심호흡 한 번 하고 '세계 속의 신라', '신라 속의 경주'를 만나러 떠나 봅시다.

2017년 12월 강응천

차례 | 초대의 글 4 | 신라, 찬란한 천년 왕국 8 | 신라는 세계다 16 |

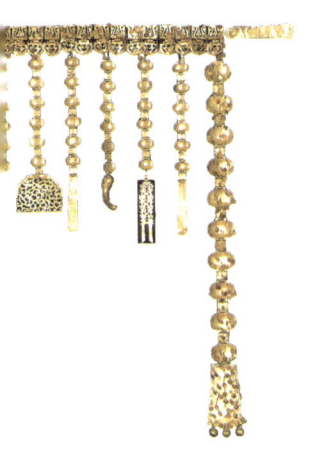

신라는 경주다 36 | 신라의 발자취 86 | 신라 역사 연표 92 | 찾아보기 94 |

신라, 찬란한 천년 왕국

신라는 기원전 57년에 건국되어 서기 935년에 멸망하기까지, 무려 992년의 역사를 가지고 있어요. 우리나라 역사상 가장 오래 이어진 왕조일 뿐 아니라 세계에서도 신라보다 더 오랜 역사를 가진 나라를 찾기가 어렵답니다. 천 년의 역사를 이어 간 신라와 천년 고도 경주, 그 찬란한 문화 속으로 함께 들어가 볼까요?

신라의 시작

역사 기록에 따르면 서라벌로 불리던 경주에는 고조선에서 내려온 사람들이 여섯 마을을 이루고 살았어요. 그 여섯 마을의 촌장들이 알에서 태어난 박혁거세를 임금으로 모시고 세운 나라가 바로 신라였지요. 그때가 기원전 57년이니까 기원전 37년에 세운 것으로 알려진 고구려나 기원전 18년에 세웠다는 백제보다 앞선 셈이랍니다.

지도를 펼치고 살펴보면 알겠지만, 경주 지역은 한반도 동남쪽으로 치우쳐 있어요. 옛날에는 선진 문물이 중국에서 육지나 서해를 통해 들어왔는데, 신라의 육지는 고구려에 막히고 서해는 백제에 막혀서 선진 문물을 받아들이는 데 불리했어요. 그래서 신라는 오랫동안 고구려와 백제에 비해 발전이 늦을 수밖에 없었답니다. 신라가 바깥 세계와 교류할 수 있는 통로는 동해와 남해였는데, 그곳으로는 왜(지금의 일본)가 자주 침범해 곤란을 겪기도 했지요.

5세기 초 내물왕 때 신라는 왜군의 침략으로 큰 위기에 몰렸어요. 내물왕은 고구려의 광개토 대왕에게 지원을 요청했죠. 광개토 대왕은 5만 명의 군대를 보내 왜군을 물리치고 신라를 구원해 주었지요. 그때부터 신라는 고구려의 간섭을 받는

신세가 되었답니다. 북쪽으로는 고구려에 치이고 남쪽으로는 왜에 시달리던 신라가 힘 있는 나라로 발돋움하기 시작한 것은 5세기 중반 눌지왕 때였어요. 눌지왕은 충신 박제상을 보내 고구려와 왜에 볼모로 잡혀 있던 신라 왕자들을 데려오고, 남쪽으로 세력을 뻗치던 고구려에 맞서 백제와 나제 동맹을 맺었어요. 중국과도 본격적으로 교류해 6세기 지증왕 때는 서라벌이던 나라 이름을 신라(新羅)라는 한자어로 바꾸고, 왕(王)이라는 중국식 호칭도 처음으로 사용했답니다. 지증왕의 뒤를 이은 법흥왕은 불교를 공인하고 나라의 틀을 중국과 같은 강력한 중앙 집권 체제로 바꿨어요. 당시 불교는 아시아의 선진 종교였기 때문에 신라가 불교를 받아들였다는 것은 그만큼 세계적인 문화 수준에 도달할 준비가 되었다는 뜻이랍니다. 또 왕에게 권력이 집중되는 중앙 집권 체제를 마련했다는 것은 강력한 국가로 나아갈 준비가 되었다는 뜻이었지요.

5세기 무렵 고구려의 전성기 지도

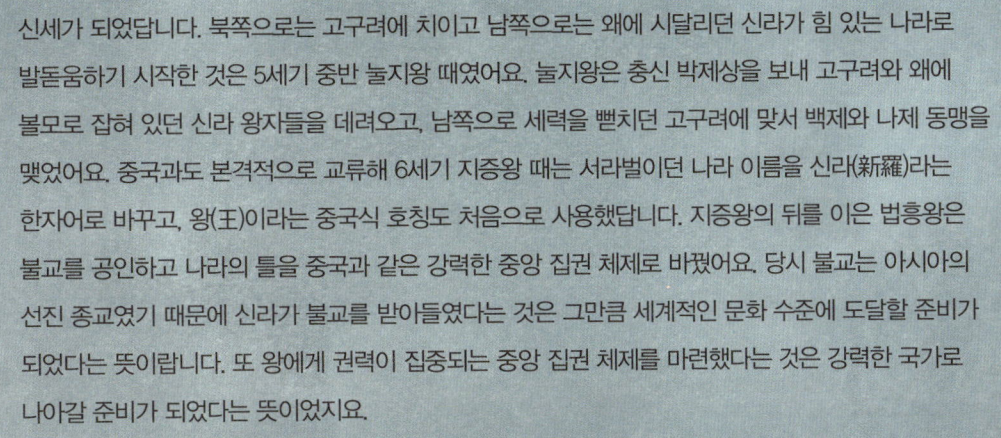

7세기, 삼국 통일을 이루다

법흥왕의 아들인 진흥왕 때에 이르러 신라는 고구려와 백제에 당당히 맞설 수 있는 강대국이 되었어요. 진흥왕은 백제의 성왕과 손잡고 북쪽으로 진출해 고구려 땅이던 한강 유역을 빼앗았어요. 그러고 나서는 백제마저 물리치고 한강 유역을 독차지하게 되었지요. 그때까지만 해도 신라와 백제 사이에는 여러 작은 왕국들이 연합한 가야 연맹이 있었어요. 진흥왕은 이 가야 연맹마저 완전히 정복해 고구려, 백제와 더불어 삼국이 세발솥처럼 버티고 서는 삼국 시대를 확실히 열었지요.

신라가 한반도 동남부뿐 아니라 중부의 한강 유역까지 호령하는 강국으로 우뚝 서자 7세기 들어 고구려, 백제, 신라 사이에는 격렬한 전쟁이 잇따라 벌어졌어요. 6세기 말 중국에서는 수나라가 한동안 여러 나라로 갈려 있던 나라들을 통일하고, 수나라가 망한 뒤에는 당나라가 다시 통일했답니다. 그때 중국과 국경을 맞대고 있던 고구려는 천하 통일을 노리고 쳐들어온 수나라와 당나라를 막아 내느라 정신이 없었어요. 그러는 동안 신라는 당나라와 친하게 지내면서 당나라의 힘을 빌려 백제와 고구려를 공격했지요.

당나라를 신라 편으로 끌어들이는 데는 김춘추의 힘이 컸어요. 김춘추는 처남인 김유신의 도움을 받아 신라 제28대 왕인 태종 무열왕이 되었답니다. 태종 무열왕은 660년 당나라와 힘을 합쳐 백제를 멸망시키고 삼국 통일의 초석을 놓았어요. 태종 무열왕의 아들인 문무왕은 아버지의 뜻을 이어받아 668년 당나라와 함께 고구려마저 무너뜨렸지요. 하지만 백제와 고구려를 무너뜨린 것만으로는 삼국 통일이 이루어지지 않았어요. 당나라가 백제, 고구려를 독차지하는 것은 물론이고 신라마저 지배하려 들었으니까요. 그러나 문무왕과 김유신은 이미 당나라의 속셈을 내다보고 결전을 준비하고 있었답니다. 신라는 고구려를 무너뜨린 다음에도 당나라의 야욕을 꺾기 위한 전쟁을 8년이나 더 벌여 마침내 당나라군을 완전히 몰아냈어요. 한반도를 완전히 지배하려고 했던 당나라는 기가 꺾여 대동강부터 원산만에 이르는 선의 북쪽으로 물러나고 말았답니다.

6세기 무렵 신라의 전성기 지도

남북국 시대의 통일 신라

이처럼 신라의 삼국 통일은 고구려가 지배하고 있던 만주 지역을 포기한 불완전한 통일이었어요. 하지만 만주 지역이 그대로 당나라 손에 들어간 것은 아니에요. 옛 고구려 사람들이 일어나 고구려를 계승하는 발해라는 나라를 세웠거든요. 그때가 698년, 고구려가 망한 지 30년 만의 일이었죠. 통일 신라와 발해는 한때 전쟁을 벌일 뻔하기도 했지만 끝내 충돌하지 않고, 서로 누가 더 문화적으로 훌륭한가를 놓고 경쟁을 벌였어요. 이처럼 북쪽의 발해와 남쪽의 통일 신라가 서로 평화적으로 경쟁하던 200여 년간을 '남북국 시대'라고 한답니다.

남북국 시대의 통일 신라는 비교적 고립되어 있었던 삼국 시대와는 달리 개방적이고 국제적인 문화를 꽃피웠어요. 옛 고구려, 백제 지역을 아홉 개의 주(州)로 나누고 다섯 개의 소경(小京), 즉 작은 서울을 두어 경주를 중심으로 한 통일 국가를 건설했지요. 그곳에서 삼국의 오랜 전통을 한데 아울러 새로운 통일 문화를 이룩했답니다. 그뿐 아니라 당시 세계에서 가장 부강한 나라였던 당나라와 옛날의 원한을 씻고 가깝게 지내면서 화려한 동아시아 문명의 전성기를 함께 일구어 나갔죠.

통일 신라는 육지와 바다의 실크로드를 통해 멀리 중앙아시아, 인도, 이란, 아라비아 등과 활발하게 교류했어요. 혜초 스님은 바닷길로 인도까지 갔다가 육로의 실크로드를 따라 이란, 중앙아시아를 거쳐 중국으로 돌아온 뒤 『왕오천축국전』이라는 세계적인 여행기를 남겼죠. 또 장보고는 당나라에서 군인으로 출세하고 신라에 돌아온 뒤 해적을 소탕하고 남해와 동중국해 일대를 호령하는 해상왕으로 널리 이름을 떨쳤답니다.

이처럼 다양성과 국제성을 자랑하던 천년 왕국 신라는 9세기 후반부터 쇠퇴의 길을 걷기 시작했어요. 개방적이던 문화와는 달리 신라의 정치는 경주의 일부 귀족들이 권력을 독점하면서 점차 지방 세력과 민중으로부터 외면을 받게 되었죠. 그리하여 10세기에 이르면 궁예, 견훤 같은 지방 세력이 각각 후고구려와 후백제를 세워 통일 신라와 맞서는 후삼국 시대가 시작된답니다. 후삼국은 7세기의 고구려, 백제, 신라 삼국에 못지않은 싸움을 벌여 나가다가 궁예의 부하였던 왕건이 세운 고려에 의해 936년 다시 통일되지요. 자, 이렇게 천년 왕국 신라의 역사를 아주 간략하게 살펴보는 동안 신라가 어떤 나라였는지는 어렴풋이 짐작할 수 있게 되었을 거예요. 이제 그 신라 속으로 들어가 천 년의 세월이 남겨 준 영광의 자취들을 살펴볼 차례군요. 화려하고 다채로운 신라의 모습, 기대해도 좋답니다.

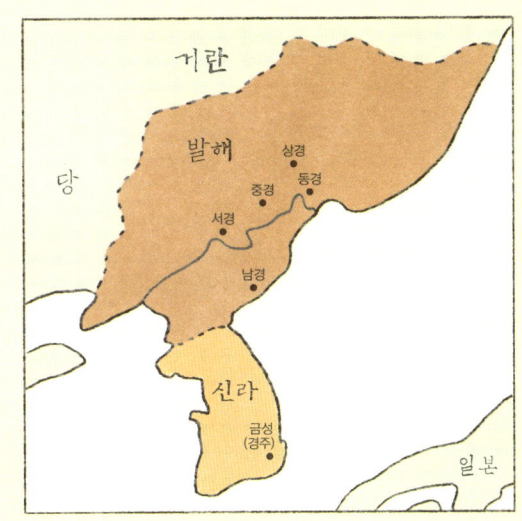

남북국 시대 지도

신라는 세계다

12세기 이슬람의 지리학자 알 이드리시가 만든 세계 지도에는 신라가 있어요. 신라는 이미 200년도 전에 망한 나라인데도 말이지요. 그만큼 신라는 이슬람 세계에 널리 알려진 나라였답니다. 이제부터 9세기 무렵 신라에 찾아온 서역 사람 처용과의 만남을 시작으로 세계 속의 신라를 여행해 보기로 합시다.

바다를 헤치고 온 처용

이 그림의 주인공이 누구인지 아세요? 놀라지 마세요. 이 사람은 신라에 살았던 사람인데, 보통의 한국 사람과는 달리 눈이 움푹 들어가고 코가 높으며 기골이 장대한 모습이에요. 서역에서 배를 타고 왔다고 알려진 '처용'이랍니다.

서역은 중국 서쪽의 중앙아시아, 인도, 이란, 아라비아 등을 가리키는 말이에요. 처용이 어떤 사람인지에 대해서는 여러 가지 견해가 있어요. 아라비아에서 온 상인이라는 말도 있고, 울산 지역 호족의 아들이라는 주장도 있지요.

이란의 '쿠시나메'라는 서사시에는 신라와 페르시아의 관계를 짐작해 볼 수 있는 흥미로운 이야기가 실려 있어요. 지금은 이란이라고 부르는 페르시아는 서아시아를 지배한 위대한 제국이었어요. 한 시대를 호령했던 페르시아 제국은 7세기 들어 이슬람 세력에게 멸망하고 말았답니다.

'쿠시나메'에 나오는 이야기를 잠깐 살펴볼까요? 페르시아가 멸망한 뒤 왕자인 아비틴은 복수를 다짐하며 고국을 떠나 동쪽의 먼 나라 신라까지 오게 되었어요. 아비틴은 신라의 공주와 결혼한 뒤 함께 페르시아로 돌아갔지요.

조선 시대의 음악 서적 『악학궤범』에 실린 처용의 얼굴이에요.

재미있는 사실은 신라의 『삼국사기』에도
얼굴과 옷차림이 기이한 사람들이 나타났다는
기록이 나온다는 거예요. 페르시아 왕자
아비틴의 이야기를 듣고 보니 처용이 어떤
사람인지 더 궁금해지는군요.

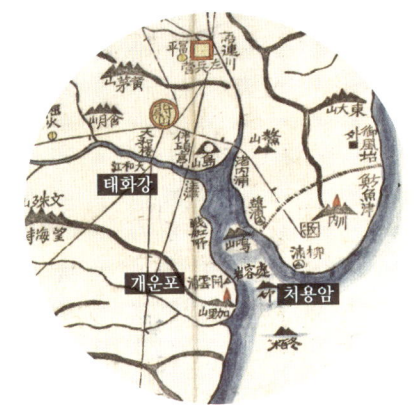

대동여지도에 나온 태화강과 개운포, 처용암이에요. 신라 시대에는 개운포에서 바다에 제사를 지냈는데, 처용 이야기도 이 제사와 관련이 있다고 해요.

자, 이제 9세기의 통일 신라로 가서 처용을 만나봅시다.
그러려면 울산 앞바다로 가야 해요. 울산은 서라벌(지금의 경주)에서
40킬로미터 정도 떨어져 있는 국제항입니다. 남해 바다가 울산
안으로 쑥 들어온 태화강은 신라와 세계를 이어 주는 창구였지요.
경주 사람들은 일본이나 중국으로 갈 때 울산에서 배를 타고
갔어요. 울산은 서울인 서라벌과 가까운 항구였기 때문에 삼국
통일 전까지는 나라 안에서 가장 중요한 항구였어요. 이곳을 통해
외국의 상인과 사신들이 들어오고 신라 사람들이 세계로 향해
나가곤 했답니다.

다시, 유유하게 흐르는 태화강에서 눈을 돌려 개운포라는
작은 포구로 가 봅시다. 개운포는 구름이 걷힌 포구라는
뜻이에요. 이 이름은 처용 때문에 생겼어요.

무덤의 모서리 기둥에 새겨진 서역인의 모습이에요. 페르시아 스포츠인 폴로 경기용 스틱을 손에 쥐고 있어요.
경주 구정동

신라의 무덤에서 출토된 문관상이에요. 눈이 깊고 코가 큰
서역인의 특징을 볼 수 있어요. *경주 용강동 돌방무덤 출토*

용은 기린, 봉황, 거북과 더불어 신령스러운 동물로 여겨졌어요. 용무늬 암막새, 경주 구황동

통일 신라 시대에 널리 사용된 용무늬 기와예요.

헌강왕 때 창건된 망해사에는 처용 설화의 내용이 담긴 벽화가 있어요. 개운포에 구름과 안개가 자욱한 장면(왼쪽)과 동해 용을 위해 절을 세우는 장면(오른쪽). 울산광역시 울주

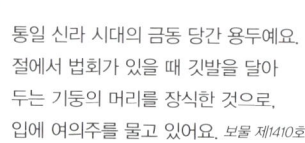

통일 신라 시대의 금동 당간 용두예요. 절에서 법회가 있을 때 깃발을 달아 두는 기둥의 머리를 장식한 것으로, 입에 여의주를 물고 있어요. 보물 제1410호

　　신라 사람들은 서역에서 온 처용을 신기하게 여겨 처용이 동해 용왕의 아들이라는 전설을 만들었어요. 신라 사람들의 입에서 입으로 전해 내려온 처용의 이야기를 들어 볼래요?

　　879년 울산 개운포. 신라 제49대 헌강왕이 바닷가에서 즐겁게 놀다가 돌아가는 길이었어요. 갑자기 짙은 구름과 안개가 자욱해지더니 천지가 깜깜해졌어요. 일관(왕의 곁에서 천체의 변화를 살피던 관리)에게 이유를 물으니 동해의 용이 심술을 부리는 것이니 용을 달래 주는 게 좋겠다고 아뢰었죠.

　　헌강왕은 곰곰이 생각하다가 "이 부근에 용을 위해 절을 짓도록 하라."는 명령을 내렸어요. 그러자 구름과 안개가 걷히면서 개운포 한가운데에서 용왕이 아들 일곱을 데리고 나타났어요. 용왕은 아들들과 함께 임금님을 칭송하는 노래를 부르고 춤을 추더니 이렇게 말했어요.

"제 아들 중 한 명을 데리고 가소서. 나랏일에 도움이 될 것입니다."

용왕의 아들이 앞으로 나와 헌강왕에게 인사를 드렸어요. 보통의 신라 사람보다 체격이 크고 피부가 검은 데다, 큰 눈은 움푹 들어가고 코는 높이 솟은 사람이었어요. 이 사람이 바로 처용이에요.

헌강왕은 기꺼이 처용을 맞아들였고, 용왕은 아들과 작별 인사를 나누고 바다로 사라졌어요. 지금도 처용이 나타난 자리에는 시커먼 바위가 우두커니 서 있어요. 처용이 나타난 자리라고 해서 '처용암'으로 부른답니다.

처용은 헌강왕과 함께 신라의 서울, 서라벌로 향했어요. 우리도 처용을 따라 한 걸음 한 걸음 신라 속으로 파고들어 가 볼까요? 처용이 만난 신라는 세워진 지 천 년이 다 된 9세기의 신라였지만, 우리는 거기서 머물지 않고 신라의 구석구석, 그 천 년 역사를 찾아 떠날 거랍니다.

처용탈을 쓴 다섯 명의 무용수가 다섯 가지 색깔의 옷을 입고 처용무를 추는 모습이에요. 처용무는 한 해를 시작하기 전 나쁜 기운을 막기 위해 추던 춤이에요.
'기사계첩' 중 기사사연도(부분)

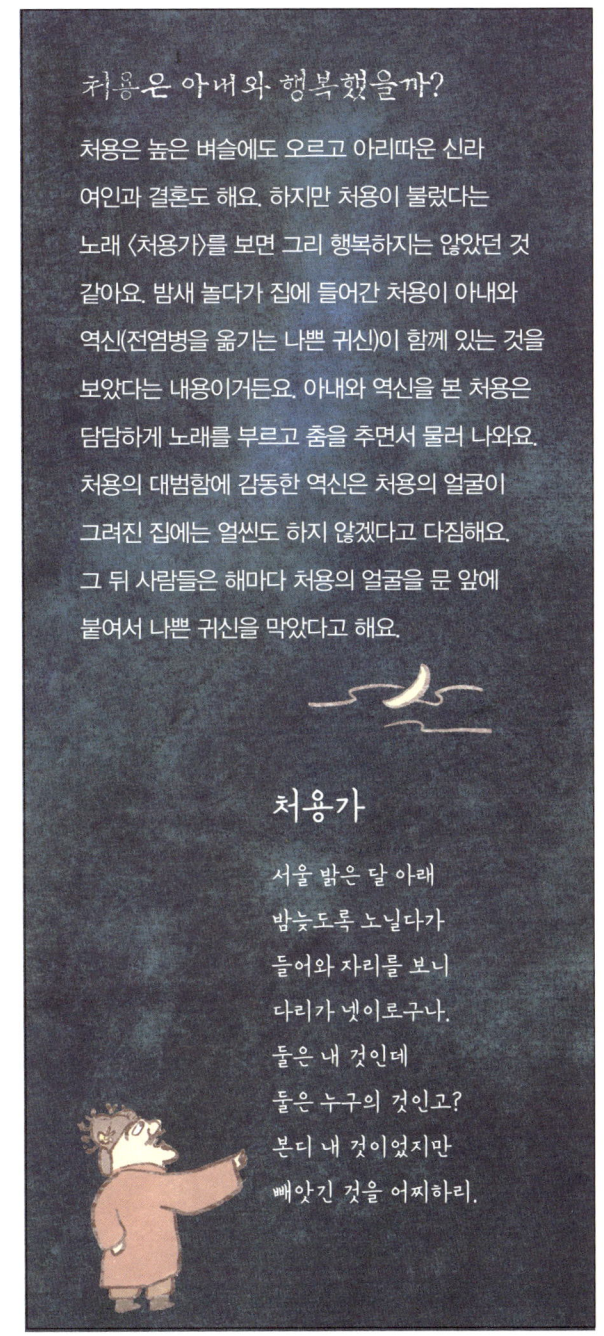

처용은 아내와 행복했을까?

처용은 높은 벼슬에도 오르고 아리따운 신라 여인과 결혼도 해요. 하지만 처용이 불렀다는 노래 〈처용가〉를 보면 그리 행복하지는 않았던 것 같아요. 밤새 놀다가 집에 들어간 처용이 아내와 역신(전염병을 옮기는 나쁜 귀신)이 함께 있는 것을 보았다는 내용이거든요. 아내와 역신을 본 처용은 담담하게 노래를 부르고 춤을 추면서 물러 나와요. 처용의 대범함에 감동한 역신은 처용의 얼굴이 그려진 집에는 얼씬도 하지 않겠다고 다짐해요. 그 뒤 사람들은 해마다 처용의 얼굴을 문 앞에 붙여서 나쁜 귀신을 막았다고 해요.

처용가

서울 밝은 달 아래
밤늦도록 노닐다가
들어와 자리를 보니
다리가 넷이로구나.
둘은 내 것인데
둘은 누구의 것인고?
본디 내 것이었지만
빼앗긴 것을 어찌하리.

바다를 지배한 장보고

신라 사람들이 해외를 오가는 항구가 울산밖에 없었느냐고요? 물론 그렇지는 않아요. 삼국 통일 전에는 서해가 백제 차지였기 때문에 울산을 통해 멀리 빙 돌아서 나갔어요. 하지만 통일한 뒤에는 당연히 중국과 가까운 서해 쪽의 항구들을 더 많이 이용하게 되었지요.

처용이 울산 개운포에 나타나기 얼마 전까지만 해도 울산보다 훨씬 더 크고 유명한 무역항이 서쪽에 있었어요. 바로 청해진(오늘날의 완도)이랍니다.

청해진은 장보고라는 위대한 장군이 건설한 해군 기지이자 무역항이었어요. 장보고는 교관선이라는 배로 당나라와 교역을 하고, 당나라 해안 곳곳에 자리 잡은 신라촌(신라 사람들이 모여 사는 마을), 신라원(신라 사람들의 절)과 관계를 맺었어요. 일본에는 회역사라는 무역 사절단을 보내 비단, 책, 약재 등을 팔고 일본의 사치품을 사 왔지요.

흥덕왕은 장보고에게 '청해진 대사'라는 벼슬을 내려 주었어요. 신라에서 '대사'라는 벼슬은 장보고 이전에도 없었고 이후에도 없었답니다.

청해진은 지금의 완도군 장도로, 장군섬이라고도 불러요.

청해진은 삼국 통일 이전에는 백제 지역이었어요. 작은 어촌에서 평범한 신분으로 태어난 장보고는 아무리 애를 써도 신라에서 출세할 수 없는 처지였지요. 그래서 장보고는 고향을 떠나 당나라 산동성으로 갔어요. 땅도 넓고 사람도 많은 당나라는 장보고 같은 외국인도 노력하기에 따라 성공할 수 있는 기회가 많았거든요. 어려서부터 활을 잘 쏘았던 장보고는 소질을 살려 무령군 소장이라는 장교가 되었어요. 신라에서는 상상도 할 수 없었던 지위에 오른 거예요.

산동성을 무대로 뜻을 펼치던 장보고는 어느 날 봐서는 안 될 것을 보고 말았어요. 당시 서해와 동중국해에는 사람을 잡아다가 노비로 파는 해적들이 들끓었는데, 해적들이 신라 사람들을 산동성으로 싣고 와 팔아 넘기는 비참한 광경을 본 거예요. 장보고는 그 모습을 보고 결심했어요.

"신라로 돌아가 해적을 모조리 쓸어버리고 바다를 평화롭게 하리라."

신라의 금동초심지가위예요. 일본 왕실의 보물 창고라 불리는 쇼소인에도 똑같은 모양의 가위가 있어 신라와 일본의 교류 관계를 알 수 있어요.
경주 월지 출토, 보물 제1844호

장보고의 교관선을 복원한 모형이에요. 신라 시대 배의 유물이나 역사적 기록은 남아 있는 것이 없지만, 고려 때 완도 근해에서 인양한 배를 근거로 만들었어요. 일본의 승려 엔닌은 '신라의 배는 작지만 빠르고 험한 파도에도 강하다.'고 순례기에 기록했어요.

엔닌은 일본 불교에 큰 영향을 미친 승려예요.
일본 최초로 대사의 칭호를 받았어요.

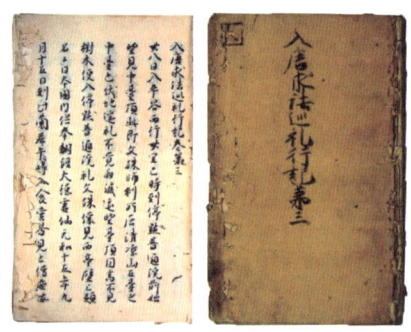

엔닌이 10년 동안 당나라를 순례하고 기록한
『입당구법순례행기』. 총 4권으로, 2권에 장보고와
적산법화원에 대한 이야기가 나와요.

    장보고는 신라로 돌아와 왕을 뵙기를 청했어요. 신라는 엄격한 신분제 나라였기 때문에 장보고 같은 시골 출신 평민이 왕을 배알한다는 것은 있을 수 없는 일이었지요. 하지만 당나라에서 벼슬을 하다가 온 장보고였기에 흥덕왕은 기꺼이 장보고를 만나 주었어요. 장보고는 고향인 청해에 해군 기지를 설치해 해적들을 소탕하겠다는 계획을 밝혔어요. 바닷가 백성들을 편안하게 해 줄 장보고의 계획에 크게 기뻐한 흥덕왕은 귀족도 아니고 높은 관리도 아닌 장보고에게 군사 1만 명을 내주었어요.

    828년(흥덕왕 3년), 장보고는 청해에 거대한 해상 기지를 건설하고 약속한 대로 서해와 남해를 누비며 해적들을 일망타진했어요. 이제 신라의 해안을 손쉽게 드나들며 사람을 해치고 붙잡아 가는 해적들은 찾아볼 수 없게 되었지요.

    장보고는 신라의 바다뿐 아니라 중국과 일본을 잇는 동아시아의 바다를 지배하는 '바다의 신'이 되었어요. 당시 당나라에는 일본 사람들이 존경해 마지않는 엔닌이라는 스님이 유학하고 있었어요. 그런데 마침 당나라 황제가 불교를 박해하며 전국의 절을 폐쇄하고 수많은 승려들을 속세로 돌려보내는 정책을 폈어요. 갑자기 머물 곳이 없어진 엔닌은 장보고가 산동성에서 운영하는 적산법화원에 몸을 맡기고 일본으로 돌아갈 날을 기약했죠.

    마침내 엔닌 스님은 장보고가 보내 준 교관선 덕분에 무사히 일본으로 돌아갔어요. 엔닌 스님의 저서인 『입당구법순례행기』에는 장보고와 맺은 인연이 자세히 적혀

적산법화원은 당나라에 모여 살던 신라인들의 집단 거주지인 신라방의 중심 사찰이었어요. 엔닌의 저서에 따르면 승려가 모두 30명이었고 사원 소유의 논에서 수확하는 쌀이 1년에 500석일 정도로 규모가 컸다고 해요. 중국 산동성

있고, 장보고에 대한 존경의 마음이 곳곳에 묻어 있답니다. 지금도 일본 교토에는 장보고를 신으로 모신 사당이 있어요.

장보고가 계속 청해진을 경영하면서 동아시아의 바다를 관리했다면, 신라는 더욱더 개방적이고 국제적인 나라로 뻗어 나갔을 거예요. 하지만 안타깝게도 장보고는 자신을 이용하려는 귀족들의 정치 다툼에 휘말려 불행한 최후를 맞이하고 말았답니다.

적산법화원에 있는 장보고 동상

장보고를 등용한 흥덕왕이 죽자 경주에서는 왕의 자리를 둘러싸고 귀족들 사이에 싸움이 벌어졌어요. 이 싸움에서 아버지를 잃고 패한 김우징이라는 왕족이 장보고가 있는 청해진으로 몸을 피했는데, 이것이 문제의 시작이었죠. 장보고는 바다를 지켜야 할 5,000명의 군사를 김우징에게 주어 경주의 반대 세력을 제압했어요. 장보고의 도움을 받은 김우징이 신무왕으로 즉위하자 장보고의 위세는 하늘을 찌를 듯했답니다. 그러나 신무왕은 왕이 된 지 얼마 안 돼 죽고 아들인 문성왕이 즉위했어요. 그러자 장보고는 자기 딸을 왕비로 들여보내려 했지요. 서라벌의 귀족들은 '청해 촌놈의 딸을 신라의 왕비로 삼을 수는 없다.'라며 한꺼번에 반대하고 나섰어요.

문성왕은 장보고를 극진하게 모셨지만, 귀족들의 지독한 반대 때문에 장보고의 딸을 왕비로 받아들이는 것은 포기할 수밖에 없었어요. 이를 괘씸하게 여긴 장보고는 다시 한 번 신라와 싸우기로 마음먹었어요. 정말 불행한 일이지요. 귀족들은 장보고의 부하였던 염장이라는 사람을 꼬드겨 장보고에게 보냈어요. 그때 염장은 장보고를 배신하고 서라벌 귀족들과 손을 잡고 있던 상태였지요. 장보고는 워낙 마음이 넓고 포용력 있는 사람이었기

장보고가 해적의 침입을 막기 위해 섬 둘레에 설치했던 통나무 목책(나무 울타리) 흔적이에요. 갯벌 밖으로 드러난 부분은 대부분 썩거나 잘려 나가 밑동만 한 뼘 정도 남아 있어요. *전남 완도*

완도 장보고 기념관

청해진을 둘러싸고 있는 총 길이 890m의 토성이에요. 돌을 양쪽에 대고 그 사이에 흙을 넣어 단단하게 만든 청해진 토성은 통일 신라 시대 성곽의 전형적인 형태예요. 전남 완도

청해진의 군사들이 사용했을 것으로 추정되는 우물이에요. 우물 바닥에는 자갈을 깔아 물을 정화할 수 있도록 되어 있어요. 전남 완도

때문에 자기를 배신했던 염장이 다시 찾아왔는데도 반가이 맞으며 잔치를 베풀었어요.

그러나 기분이 좋아 술에 취해 있던 장보고는 염장이 휘두른 칼에 생애를 마감하고 말았답니다. 귀족들은 장보고의 죽음에서 그치지 않고 계속 몰아붙여 청해진을 없애 버리고 말았어요. 이로써 동아시아의 바다를 주름잡았던 위대한 영웅과 해상 기지는 영원히 사라져 버렸답니다.

장보고 이야기는 통쾌하지만 끝이 씁쓸하지요? 역사 속에는 장보고처럼 자기 분야에서 최고의 업적을 남길 수 있었던 사람이 복잡한 세력 다툼에 휘말려 비극적인 최후를 맞이한 사례가 적지 않답니다. 정말 안타까운 일이에요.

서역으로 간 혜초

청해진 말고도 신라의 연안 곳곳에는 사신과 상인, 유학생이 중국을 오가며 이용하는 항구들이 있었어요. 이런 항구들에는 보통 당나라와 교류하는 항구나 포구라는 뜻으로 '당(唐)' 자를 넣어 당진, 당포 같은 이름으로 불렸지요. 그중 하나가 당항성(지금의 경기도 남부)이랍니다. 8세기에는 수많은 신라 사람들이 당항성을 통해 당나라를 드나들었는데, 혜초 스님도 그중 한 분이었다고 해요.

여러분, 혜초라는 이름을 들어 보았나요? 서라벌에서 태어났지만 신라를 떠나 중국 당나라에서 위대한 스님이 되신 분이에요. 혜초가 유명한 것은 무엇보다 실크로드를 통해 인도, 아프가니스탄, 이란 등 서역을 돌아보고 와서 쓴 여행기 『왕오천축국전』 때문이지요. 『왕오천축국전』은 다섯 개의 불교 국가(천축국)를 다녀온 이야기라는 뜻으로 세계 4대 여행기의 하나로도 꼽힌답니다. 천축국은 당시 여러 나라로 나누어져 있었던 인도를 뜻해요. 스님들은 불교의 고향인 인도를 성스러운 지역으로 여겼어요. 하지만 인도로 가는 길은 사막과 험준한 산맥으로 가로막혀 아무나 갈 수 없었지요. 혜초 스님보다 먼저 인도를 방문하고 여행기를 남긴 사람이 있었는데, 당나라의 현장 스님이에요.

현장의 여행기인 『대당서역기』는 훗날 손오공, 사오정, 저팔계가 현장을 호위하며 인도에 이르는 모험담 『서유기』로 발전했답니다. 혜초는 현장보다 100년 정도 뒤에 서역 여행에 나섰는데, 현장이 가지 못했던 이슬람 국가까지 갔었지요.

신라를 떠나 중국으로 들어간 혜초는 험난한 바닷길을 헤치며 베트남, 타이 등 동남아시아 여러 나라를 거쳐 인도로 들어갔어요. 돌아오는 길에는 이란, 아프가니스탄을 거쳐 당나라의 수도였던 장안(지금의 시안)으로 갔답니다.

실크로드에서 중국으로 들어가는 관문인 둔황 지역은 서역과 활발한 문화 교류가 이루어지던 곳이에요. 둔황에는 거대한 황토 고원 곳곳에 굴을 파 놓고 스님들이 도를 닦고 예불을 드리는 석굴들이 있어요. '둔황 석굴'이라고 부르는 이곳은 당나라 이전 남북조 시대부터 있었는데, 혜초 스님이 쓴 여행기도 둔황 석굴에 보관되어 있었지요. 1908년 프랑스의 동양학자이자 탐험가인 폴 펠리오가 둔황 석굴에서 『왕오천축국전』을 찾아냈어요. 그래서 신라가 낳은 세계적인 여행가이자 고승인 혜초의 명저는 오늘날 우리나라가 아닌 프랑스 파리의 국립 도서관에 보관되어 있답니다.

중국 둔황의 석굴에서 문서를 살펴보는 펠리오.

혜초는 신라에서 태어나 어렸을 때 중국으로 건너갔으며, 인도까지 다녀온 국제적인 인물이었어요. 『왕오천축국전』은 인도를 순례하면서 각 지방의 풍토와 산물을 기록한 여행기예요. 프랑스 국립 도서관

서역에서 온 무인

드넓은 바다를 지배한 장보고와 아득한 서역까지 다녀온 혜초 이야기를 들으니까 신라가 얼마나 크고 웅대한 나라였는지 느낄 수 있지요? 장보고와 혜초 이야기를 하다 보니 어느새 서라벌까지 왔군요. 울산에서 수도인 서라벌로 들어가는 입구는 '관문성'이에요. 이름 그대로 서라벌로 들어가는 관문인 성이지요.

서라벌에 가는 사람들 중에는 우리들처럼 평화로운 목적을 가진 사람도 많지만 신라를 침범한 외적들도 적지 않았어요. 그중 대부분은 일본의 왜구들이었지요. 왜구를 막고 수도를 보호하기 위해 쌓은 성이 관문성이랍니다.

관문성의 오른쪽에는 신라 제38대 원성왕의 무덤이 있어요. 원래 이 자리에는 작은 연못이 있었는데, 왕의 시신을 담은 관을 연못 위에 걸어 놓았다고 해요. 그래서 '걸 괘(卦)' 자를 써서 '괘릉'이라고도 부른답니다. 원성왕릉은 경주 곳곳에 흩어진 신라 왕의 무덤 중에서도 규모가 크고 아름다운 무덤으로 꼽히지요.

터번을 쓴 원성왕릉의 무인석이에요.
원성왕릉의 양옆에는 문인석과 무인석,
돌사자가 호위하듯 서 있어요.

원성왕릉에서 눈여겨볼 것은 무덤의 양쪽에 서 있는 우람한 무인 석상이에요. 왕릉을 지키는 석상이니까 2미터가 넘는 큰 키는 그다지 특별할 게 없어요. 그런데 자세히 보면 덩치가 크다는 것 말고도 특별한 점이 아주 많아요. 우선 머리 위에 쓰고 있는 모자를 보세요. 이 모자는 신라 사람들이 쓰던 복두나 관모와는 달라요. 저렇게 천을 머리에 칭칭 돌려 감은 모습은 이란이나 아라비아에서 많이 볼 수 있어요. 모래바람이 몰아치는 사막에서 머리를 보호하기 위한 터번이랍니다.

신라 사람도 터번을 썼느냐고요? 보통 신라 사람이라면 그럴 리가 없지요. 다시 석상의 얼굴을 살펴보세요. 눈이 부리부리하고 코가 높지요? 턱을 뒤덮은 구레나룻도 신라인, 그러니까 보통 한국 사람과는 다르지요.

이 석상의 인물은 어디에서 왔을까요? 당시 실크로드의 역사를 살펴보면 이 사람은 중앙아시아에 있는 소그디아나(지금의 우즈베키스탄)에서 왔을 가능성이 높다고 해요. 소그디아나는 '신이 만든 가장 아름다운 나라'라고 불릴 만큼 멋진 나라였어요. 하지만 중국, 페르시아, 이슬람 제국 같은 강대국 사이에 끼어서 늘 전쟁과 간섭에 시달렸지요. 그래서 소그디아나 사람들은 일찍부터 장사를 하면서 세계 곳곳으로 흩어졌어요. 소그디아나 출신 상인을 가리키는 '소그드 상인'은 고대 세계에서 가장 뛰어난 상술을 자랑하는 사람들로 정평이 나 있답니다.

원성왕릉의 문인석

경주 미추왕릉 지구에서 출토된 유리 구슬 목걸이에요. 조그만 구슬 안에 푸른 눈동자를 가진, 서역인으로 보이는 사람이 있어요. 보물 제634호

경주 관문성

경주 미추왕릉 지구에서 출토된 금제 보검이에요. 보석과 금알갱이로
장식한 기법은 동유럽과 서역 등지에서 유행한 기법으로 신라가
이 지역과 활발하게 교류했음을 알 수 있어요. 보물 제635호

터키석과 옥이 박힌 금팔찌예요.
팔찌의 형태와 제작 기법이 신라의
팔찌와는 달라서 서역에서 만들어져
신라로 유입된 것으로 추정해요.
황남대총 북분 출토. 보물 제623호

소그드 상인들은 실크로드를 따라 톈산산맥을 넘고 고비사막을 지나 중국으로 가기도 했어요. 그중 일부는 서해를 건너 신라까지 들어와 활동을 했답니다. 혜초 스님이 서역으로 가던 길을 거슬러 온 셈이지요. 소그드 상인뿐 아니라 이란이나 아라비아 사람들도 육지와 바다를 통해 신라로 들어왔어요.

신라는 서역 사람들에게 무척 매력적인 나라였어요. 중앙아시아나 아라비아에 많은 사막이나 험한 산맥 대신 산은 나지막하고 들판은 아담하게 펼쳐져서 탐스러웠지요. 게다가 신라는 서역에서는 귀한 황금이 무진장 많이 나는 나라였어요. 왕은 황금으로 만든 관을 쓰고, 귀족들은 황금으로 만든 귀고리, 목걸이, 허리띠, 반지 따위의 화려한 장신구를 온몸에 늘어뜨리고 다녔지요. 서역에서 가져온 유리나 양탄자, 향신료 따위를 경주의 시장에 내놓으면 높은 값을 받을 수 있었기 때문에 황금이나 비단을 구하기도 쉬웠어요.

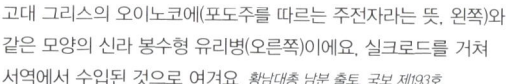

고대 그리스의 오이노코에(포도주를 따르는 주전자라는 뜻, 왼쪽)와
같은 모양의 신라 봉수형 유리병(오른쪽)이에요. 실크로드를 거쳐
서역에서 수입된 것으로 여겨요. 황남대총 남분 출토. 국보 제193호

다시 원성왕릉으로 돌아가 볼까요? 왜 하필이면 신라의 왕릉을 지키는 무사의 석상을 소그드 사람의 모습으로 만들었을까요? 서역인 중에는 신라에 왔다가 고향으로 돌아가지 않고 처용처럼 눌러앉아 사는 사람도 많았어요. 처용도 그렇지만 소그드 사람도 신라 사람들보다는 체격이 더 좋았어요. 눈도 움푹 들어가고 코가 큰 데다 구레나룻이 성성해서 강인한 인상을 풍겼지요. 그래서 신라의 왕이나 귀족들은 서역 사람들을 채용해서 경호원을 삼곤 했답니다. 저 멋진 서역인 무사도 원성왕을 섬기던 소그드 출신 경호원이었을지 몰라요.

어때요? 서라벌만 생각나던 신라하고는 달라도 너무 다르지 않은가요? 신라는 세계의 구석에서 웅크리고 있던 작고 폐쇄적인 나라가 아니었어요. 수많은 신라 사람들이 세계로 나가고, 세계 사람들이 신라로 들어왔지요. 게다가 천 년 동안 왕조가 이어지면서 쌓인 풍부한 전통 덕분에 신라는 깊이 있으면서도 개방적인 문화를 이룩할 수 있었답니다. 이제 이처럼 넓고 컸던 나라의 중심부, 서라벌로 들어가 농익은 천년 왕국 신라의 진면목을 자세히 살펴보도록 해요.

금제 사리 장치 안에 녹색 유리로 만든 사리병과 사리 그릇이 들어 있어요. 그릇 표면의 동그라미 무늬는 페르시아에서 주로 사용된 무늬예요.
송림사 오층전탑 사리장엄구, 보물 제325호

신라 고분에서 출토된 유리잔이에요. 서역이나 중국을 통해 들어온 수입품으로 보여요.
천마총 유리잔(왼쪽), 황남대총 북분 유리잔(오른쪽)

세계 속의 신라

서역에서 온 처용, 동아시아의 바다를 주름잡은 장보고, 중앙아시아를 건너 이슬람 제국까지 다녀온 혜초 등에서 알 수 있는 것처럼 신라는 그야말로 국제적인 나라였어요. 세계 지도 위에 남아 있는 신라인의 발자취를 찾아볼까요?

터키 미다스왕과 신라 경문왕의 비밀

신라 제47대 헌안왕은 아들이 없고 딸만 둘이 있었는데, 사위에게 왕위를 물려주었어요. 그가 바로 경문왕(재위 861~875)이에요. 경문왕은 귀가 꼭 당나귀 귀같이 길었는데, 왕의 복두를 만드는 복두장만 이 사실을 알았지요. 복두장은 평생 왕의 비밀을 안고 살다가 죽기 전에 도림사 앞 대밭으로 가서 "임금님 귀는 당나귀 귀다!" 하고 외쳤어요. 그 후 바람만 불면 대밭에서 "임금님 귀는 당나귀 귀다!"라는 소리가 났어요. 그러자 경문왕은 대나무를 베고 그 자리에 산수유를 심었다고 해요. 경문왕의 귀 이야기는 『삼국유사』에 전하는데, 고대 터키의 미다스왕 설화에도 이와 아주 비슷한 이야기가 전해 와요. 실크로드를 통해 다른 시대 다른 장소의 이야기가 퍼져 나갔음을 알 수 있지요.

최치원은 12세에 당나라로 유학을 떠나 당나라의 관리에까지 오른 신라의 대표적인 학자예요.

중국 양저우시에 있는 최치원 기념관이에요. 양저우는 최치원이 고변의 종사관으로 근무했던 곳으로, 이 기념관은 중국에서 첫 번째로 세워진 외국인 기념관이에요.

혜초의 천축국 여행을 기념하여 세운 비석이에요. 경기도 평택

의상은 당나라에서 화엄종을 연구하고 돌아와 10여 개의 사찰을 세우고 우리나라 화엄종을 창시했어요.

해돋이로 유명한 호미곶 광장에 있는 연오랑 세오녀 동상이에요. 경북 포항

일본의 왕이 된 연오랑 부부

『삼국유사』 제1권에 실린 연오랑 세오녀 설화는 일본으로 건너가 왕이 된 신라 부부의 이야기예요. 신라의 동쪽 바닷가에 살던 연오랑은 바위에서 미역을 따다가 갑자기 바위가 움직여 일본의 섬나라에 이르렀어요. 그곳 사람들은 연오랑을 임금으로 모셨답니다. 남편을 찾아 나선 세오녀도 바위에 올라 섬나라로 가게 되었는데, 두 사람이 떠나자 신라는 해와 달이 빛을 잃어 천지가 어두워졌어요. 임금이 점을 쳐서 알아보니, 연오랑 부부가 바다를 건너갔기 때문이라고 했어요. 왕은 사신을 보내 데려오려고 했으나, 두 사람은 하늘의 뜻이라 갈 수 없다고 했지요. 그 대신 세오녀가 짠 비단을 받아 와 그 비단으로 제사를 지내니 해와 달이 다시 빛을 찾았다고 해요.

신라는 경주다

『삼국사기』의 기록을 보면 경주는 '기와집이 연이어 있고 집집마다 숯으로 밥을 짓는 도시'였다고 해요. 밥을 짓는 데 나무 대신 숯을 사용하고 초가집이 아니라 기와집이 즐비했다니 경주 사람들은 정말 윤택하게 살았음을 알 수 있어요. 이제 그처럼 풍요로웠던 경주로 들어가서 신라를 번영으로 이끈 사람들의 이야기를 들어 볼까요?

신라의 터전, 서라벌

여기는 신라의 왕이 살고 있는 궁궐, 월성이에요. 높은 성루에 서면 북쪽으로 펼쳐진 서라벌이 한눈에 들어온답니다. 월성의 정문에서 시원스럽게 뻗어 나간 대로는 북천에서 일단 멈추어요. 옛날에는 거기까지가 서라벌이었지만 통일 후에는 시가지가 북천 너머까지 확장되었어요.

조선 시대의 수도인 한양을 잠깐 떠올려 볼까요? 한양에는 북쪽에 임금이 사는 궁궐이 있고 남쪽으로 시가지가 펼쳐져 있어요. 당나라의 서울인 장안도 마찬가지예요. 하지만 서라벌은 신라가 중국 문물을 받아들이기 이전에 벌써 월성에 궁궐을 지었고, 시가지는 북쪽으로 펼쳐져 있었어요. 월성 남쪽에는 남천이 흐르고 그 아래로는 남산이

기와집 모양을 본뜬 뼈 그릇이에요.
용마루 양 끝의 치미와 지붕의 암수 기와가
선명하게 표현되어 있어요. *경주 북군동 출토*

월성(반월성)은 신라의 왕궁터예요. 월성터는 원래 석탈해가 꾀를 부려 빼앗은 호공의 집이 있던 곳으로, 석탈해는 왕이 된 후 이곳에 왕성을 쌓았답니다.

서라벌의 모습을 복원하여 그린 신라왕경도(일부분)예요. 질서정연하게 계획적으로 만든 도로와 시가지를 볼 수 있어요.

솟아 있기 때문에 시가지를 새로 만들 수 없었지요. 그래서 당나라의 장안을 본떠 시가지는 바둑판 모양으로 닦으면서도 남쪽에 있는 궁궐을 옮기지는 않았답니다.

『삼국유사』와 『삼국사기』를 보면 헌강왕 때의 서라벌이 얼마나 윤택한 도시였는지 알 수 있어요. 서라벌 사람들은 기와집을 짓고 숯으로 불을 때며 호사스럽게 살았는데, 그런 집이 대략 18만 호에 이른다고 나와 있거든요. 18만 호가 아니라 18만 명이라고 해도 고대 도시의 인구로는 대단하군요. 로마 제국의 수도였던 로마의 인구가 기껏해야 10만 명이었던 걸 생각하면 정말 엄청나지요? 게다가 그런 기와집들 사이로 열 집 건너 하나씩 절이 있고 절마다 탑이 있었다고 해요. 왜 그렇게 절이 많았냐고요? 신라는 왕부터 독실한 불교 신자인 데다가 모든 사람이 절에 다녔기 때문에 시내에 절이 아주 많았답니다.

일연 초상

일연이 편찬한 『삼국유사』에 따르면 헌강왕 때의 서라벌에는 17만 8936호의 기와집이 있었으며, 기와집이 겹겹이 늘어서 있어서 비가 와도 젖지 않고 다닐 수 있었다고 해요.

임해전(동궁과 월지)은 안압지라는 이름으로 많이 알려져 있어요. 조선 시대에 폐허가 된 연못에 기러기와 오리들이 날아들어 안압지라는 이름이 붙었다고 해요. *경주 인왕동*

  북천에서 월성까지 시원스레 뻗은 서라벌의 도로를 따라오다 보면 월성 동쪽으로 이어지는 화려한 궁전이 보일 거예요. 태자가 거처하던 이 궁전은 동궁이나 임해전이라고 불렀는데, 월지라는 아름다운 인공 연못으로 더 유명해요.
  밤이 되면 월지에 떠 있는 인공 섬들과 주변 전각에 오색 등불이 밝혀지고, 전각에서는 흥에 겨운 관리들이 술잔을 기울이며 춤과 노래를 즐겼을 거예요. 휘영청 밝은 달과 어우러져 정말 멋스러웠을 것 같군요.

월지(안압지)에서는 무엇을 했을까?

월지는 문무왕 때 궁 안에 만든 인공 연못으로, 연회를 베풀거나 진귀한 새나 화초를 감상하는 휴식 공간이었어요. 월지에서는 많은 유물이 출토되었는데, 가장 잘 알려진 것이 14면체의 나무 주사위 '주령구'예요. 참나무로 만든 주사위의 각 면에는 '술 석 잔 한꺼번에 마시기', '소리 없이 춤추기', '아무에게나 노래 청하기' 등의 글귀가 새겨져 있어 신라 귀족들의 유쾌한 놀이 문화를 느낄 수 있어요.

도깨비 무늬 기와

14면체 주사위(주령구)

금동불입상

발굴 당시 월지에서는 청동이나 금동으로 만든 그릇, 숟가락 외에도 유리잔, 화덕 등 궁중에서 사용했던 식기와 생활용품이 많이 출토되었어요. *청동 숟가락*

금동합과 금동완

보상화 무늬 수막새

화려한 연꽃 대좌 위에 앉은 부처와 보살을 입체적으로 표현한 금동판삼존불좌상이에요. *높이 27cm*

신라의 금관

오늘날 전 세계에 남아 있는 금관 가운데 많은 양을 차지하는 것이 신라의 금관이랍니다. 신라 금관은 금으로 도금하거나 금박을 입힌 것이 아니라 순수한 금판을 오리고 붙여서 만들었어요. 그 화려한 장식과 세공 기술을 본다면 누구나 '신라는 황금의 나라'라는 말을 금방 이해할 거예요. 오죽하면 56명에 이르는 신라의 왕 가운데 38명이 황금을 뜻하는 '김(金)'씨 성을 가졌을까요? 금관 속에 담긴 신라인의 마음과 뛰어난 미적 감각을 만나 보아요.

새 날개 모양의 금관총 금제 관식이에요. 관모의 앞에 꽂아서 장식했어요.
국보 제87호

정교한 세공 기술이 돋보이는 금귀고리예요.
경주 돌무지덧널무덤(왼쪽), 부부총(오른쪽) 출토

길이 32cm 정도의 금동 신발이에요.
식리총 출토

신라 금관 중 가장 먼저 발견된 금관총 금관이에요. 出(출) 자 모양의 나뭇가지(앞)와 사슴뿔(뒤) 모양의 장식이 세워져 있고, 133개의 달개와 57개의 곱은옥이 달려 있어요.
국보 제87호

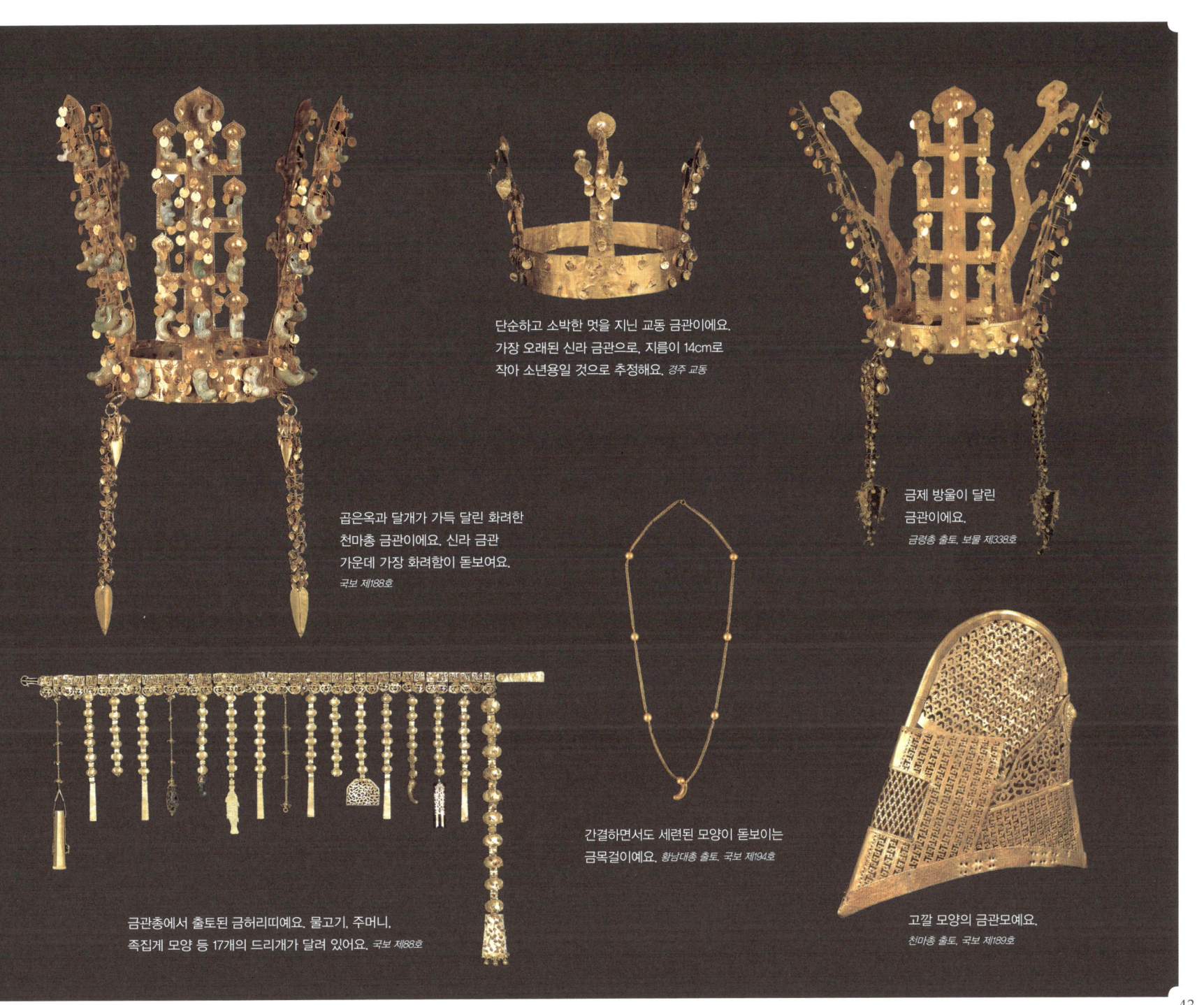

신라를 세운 사람들

백마와 함께 내려온 알 _ 박혁거세

자, 이제 이토록 황홀한 신라 왕국이 어떻게 시작되었는지 경주 구석구석을 샅샅이 다니면서 알아보아요.

월성 남서쪽으로 3킬로미터쯤 걸어가 봅시다. 저 아래로 높지도 낮지도 않게 펼쳐진 산이 서라벌 사람들의 정신적 고향인 남산이에요. 남산 서쪽 기슭에 우물 하나가 있고, 우물 옆에 으리으리한 팔각형 건물이 있어요. 이 건물은 우물을 지키는 신궁(神宮)이랍니다. 신령을 지키는 궁전이라는 뜻이지요. 그렇다면 이 우물은 단순한 우물이 아니라 뭔가 신성한 인물과 관련된 것이 아닐까요?

나정(蘿井)이라고 부르는 이 우물은 신라를 세운 박혁거세가 하늘에서 내려온 신성한 곳이에요. 팔각형 건물은 신라 왕실에서 시조를 모시고 제사를 지내기 위해 지은 건물이지요. 그럼, 눈을 감고 천 년 전 이 우물가에서 일어난 일을 상상해 봅시다.

사람이 알에서 태어났다는 난생 설화는 건국 신화나 영웅의 탄생 이야기에 많아요. 신라의 박혁거세, 석탈해, 김알지, 고구려의 주몽, 가야의 김수로는 모두 알에서 태어났다고 전해 와요.
석재 십이지상 중 닭. 경주 전 민애왕릉 출토

그때 서라벌에는 여섯 개의 마을이 있었어요. 여섯 마을을 이끄는 촌장들은 고조선에서 내려온 사람들이었지요. 고조선은 한국 역사에서 가장 먼저 생긴 나라로, 지금의 북한과 만주 땅에 걸쳐 있었어요. 그런데 기원전 108년에 중국 한나라 군대가 쳐들어와서 고조선을 멸망시켜 버렸어요. 여섯 촌장들은 그때 망한 나라를 떠나 남쪽으로 내려온 사람들의 후손이에요. 기원전 69년 봄, 촌장들은 한자리에 모여 여섯 마을을 합쳐 나라를 세우고 지도자를 뽑기로 했어요. 그러고는 높은 곳에 올랐는데, 나정에 이상한 기운이 돌면서 백마 한 마리가 무릎 꿇고 있는 모습이 보였어요.

촌장들은 서둘러 우물로 갔어요. 그러자 백마는 커다란 붉은색 알만 남기고 하늘로 날아가 버렸답니다. 알을 쪼개자 어린 사내아이가 나왔어요. 보통 일이 아니라고 생각한 촌장들이 아이를 개울에서 목욕시키자 몸에서 광채가 나고 주변의 새와 짐승들이 춤을 추었답니다. 또 하늘과 땅이 진동하고 해와 달이 밝게 빛났어요.

경주 천마총에서 발견된 1,500여 년 전의 계란과 계란이 담겨 있었던 장군형 토기예요.

나정 발굴 당시 발견된 신라 시대의 팔각형 건물터예요. 『삼국사기』에는 이곳에 신라 왕실 최고의 제사 시설인 신궁을 세웠다는 기록이 남아 있어요. *경주 탑동*

신라에서는 우물을 신화적 인물이 탄생하는 신성한 공간으로 여겼어요. 궁궐이 있었던 월성에서 발견된 우물에서는 기우제 등 나라의 중요한 제사를 지냈다고 해요.
경주 월성의 우물(왼쪽)과 우물 바닥의 토기와 두레박(오른쪽)

촌장들은 아이에게 '세상을 밝게 빛나게 하는 사람'이라는 뜻의 '혁거세'라는 이름을 지어 주고, 박처럼 생긴 알에서 나왔다고 하여 박(朴)씨 성을 붙여 주었어요. 그리고 혁거세가 성장하자 나라의 왕으로 받들었답니다.

나정에서 북쪽으로 10분만 걸어 올라가면 알영정(閼英井)이라는 우물이 나와요. 박혁거세가 왕이 된 지 6년째인 해에 이 우물가에 닭처럼 생긴 용이 나타났는데, 용의 오른쪽 옆구리에서 입술이 닭의 부리를 닮은 여자아이가 태어났어요. 한 노파가 아이를 거두어 월성 북쪽에 있는 냇물에 목욕시켰더니 부리가 떨어지고 고운 자태를 가지게 되었지요. 우물의 이름을 따서 알영이라는 이름을 얻은 이 아이는 자라서 열세 살 때 박혁거세의 왕비가 되었답니다. 부부가 같이 우물가에서 태어났다는 게 재미있죠? 알영은 신라 역사에서 우물에서 탄생했다고 전해 오는 유일한 여성이랍니다.

백마가 그려진 천마도 장니(말안장에 늘어뜨리는 마구)예요. 신라의 시조인 박혁거세 신화에서는 말이 통치자의 출현을 알리는 신성한 동물로 등장해요. 천마총 출토, 국보 제207호

알영이 태어났다는 우물인 알영정이에요. 지금은 우물이 있던 자리가 길이 2m, 너비 50cm 정도의 돌 석 장으로 덮여 있어요. 경주 탑동

신라 초기 다섯 왕의 능으로 알려진 오릉은
사릉(뱀 무덤)이라고도 전해 와요.
『삼국유사』에는 이런 이야기도 있어요.
61년 동안 신라를 다스리던 박혁거세가 죽자
7일 만에 몸이 다섯 개로 나뉘어 땅에 떨어졌어요.
사람들이 이를 모아서 묻으려고 하자 큰 뱀이
나타나 방해하는 바람에 그대로 다섯 군데에다
묻었다고 해요. *경주 탑동*

박혁거세 부부는 사이좋게 살다가 죽어서도 나란히 묻혔어요. 알영정 옆에는 '오릉'이라는 다섯 기의 무덤이 있는데, 그중 두 기가 박혁거세와 알영의 무덤이라고 해요. 오릉에는 신라의 두 번째 왕인 남해, 세 번째 왕인 유리, 그리고 다섯 번째 왕인 파사도 묻혀 있답니다. 나정과 오릉은 신라의 요람이라고 해도 지나친 말이 아니에요.

바다를 건너온 알_석탈해

그런데 조금 이상한 점이 있어요. 오릉에 왜 신라의 네 번째 왕인 탈해의 무덤은 없는 걸까요? 혹시 조선 시대의 연산군이나 광해군처럼 왕의 자리에서 쫓겨나기라도 한 걸까요? 그런 건 아니지만 네 번째 왕인 탈해는 확실히 오릉에 묻힌 네 왕과 다른 점이 있어요. 성이 박씨가 아니라 석(昔)씨라는 거예요. 조선 왕조의 임금은 모조리 이씨였는데 왜 신라에서는 성이 다른 사람들이 번갈아 왕위에 올랐을까요? 이 점은 신라뿐 아니라 고구려, 백제도 마찬가지였어요.

전설에 따르면 탈해는 다파나라는 나라의 왕자였어요. 다파나는 『삼국사기』에 왜국의 동북쪽 일천 리에 있다는 기록만 나올 뿐 어느 나라인지는 분명하지 않아요. 다파나국의 왕비가 임신한 지 7년 만에 큰 알을 낳자, 왕은 이를 상서롭지 못하다고 여겨 알을 비단에 싼 뒤 궤짝에 넣어 바다에 띄워 보냈다고 해요. 알이 실린 궤짝은 금관가야를 거쳐 서라벌 동쪽 아진포라는 포구에 이르렀어요.

그때 까치 한 마리가 궤짝을 따라오며 지저귀자, 바닷가에 살던 한 노파가 궤짝에서 사내아이를 발견하고 데려다가 기르게 되었어요.

탈해의 성은 궤짝을 따라오던 까치와 관련이 있어요. 까치는 한자로 '鵲(작)'인데, 여기서 새를 뜻하는 '鳥(조)'를 떼고 남은 글자인 '昔(석)'을 탈해의 성으로 삼은 거예요. 탈해는 자신을 거두어 준 노파를 어머니로 모시고 고기잡이를 하며 살았어요. 노파는 탈해가 보통 사람이 아니라는 것을 알아보고 공부를 시켰지요.

영특하게 자라난 탈해는 어느 날 이름난 귀족인 호공의 집터가 매우 좋은 명당자리라는 것을 알아보았어요. 그래서 몰래 호공의 집에 가서 숫돌과 숯을 묻었답니다. 그러고는 시치미를 뚝 떼고 고을의 수령에게 찾아가서 이렇게 우겼어요.

"이 집은 본래 제 집인데 호공이 함부로 차지해서 살고 있습니다."

그러자 수령은 무슨 근거로 그런 소리를 하느냐며 증거를 내놓으라고 했지요.

3세기 무렵 만들어진 철제 농기구예요. 석탈해가 인도 타밀인이라는 설도 있는데, 타밀어로 '석탈해'는 '대장장이 우두머리'를 가리켜요. 포항 옥성리 출토

호공의 집이 네 집이라고?

땅을 파 보시면 압니다!

"저는 본래 대장장이인데 이곳에서 쇠를 달구는 일을 했습니다. 마당을 파 보시면 제 말이 사실이라는 것을 아실 겁니다."

수령이 땅을 파 보게 하니 과연 탈해의 말대로 대장장이가 사용하던 도구인 숫돌과 숯이 나왔어요. 그래서 탈해는 호공을 밀어내고 집을 차지하게 되었어요. 탈해의 집이 자리 잡은 곳이 바로 나중에 신라의 왕궁이 들어서게 될 월성이랍니다.

영리하기로 소문난 탈해는 제2대 임금인 남해 차차웅의 공주와 결혼해서 왕의 사위가 되었어요. 남해 차차웅이 죽자 남해 차차웅의 아들인 유리는 처남 탈해가 자신보다 덕망이 있다며 탈해에게 왕위를 양보하려고 했지요. 그러자 탈해는 떡을 가져오게 하고는 이렇게 말했어요.

"임금은 보통 사람이 맡아서 할 수 있는 자리가 아닙니다. 훌륭하고 지혜로운

사람만이 임금이 될 수 있지요. 지혜로운 사람은 나이가 많고, 나이가 많은 사람은 이가 많습니다. 그러니 둘이 시험 삼아 떡을 깨물어 확인해 보시지요."

탈해의 말대로 유리와 탈해는 떡을 깨물어 보았어요. 그랬더니 정말 유리의 잇자국이 더 많았어요. 유리는 제3대 임금에 올랐지만, 자기 아들이 아니라 탈해에게 왕위를 물려주었어요. 그래서 탈해는 신라의 제4대 임금이 되었지요. 꼭 자기 자식이 아니더라도 능력이 있는 사람에게 왕위를 물려주는 모습이 참 보기 좋지요?

중국에서는 오래전부터 맏아들에게 왕위를 물려주는 제도가 있었는데, 이를 종법(宗法)이라고 했어요. 중국뿐 아니라 다른 나라에서도 종법에 따라 능력이 없어도 무조건 맏아들에게 왕위를 물려주다가 나라가 위태로워진 예가 적잖이 많았답니다. 그에 비하면 오히려 신라 사람들이 지혜로웠던 것 같지 않아요?

탈해왕은 신라 최초의 석씨 왕으로, 56명의 신라 왕 가운데 석씨는 모두 8명이었어요. 탈해왕릉. 경주 동천동

금궤에서 나온 아이 _ 김알지

신라 왕 하면 뭐니 뭐니 해도 김씨를 빼놓을 수 없어요. 처용을 받아들였던 헌강왕도 김씨였지요. 박씨와 석씨가 번갈아 하던 왕을 김씨가 하게 된 것은 제17대 내물왕부터예요. 김씨의 조상이 처음 신라에 나타난 것은 탈해왕 때였답니다.

오릉에서 월성 쪽으로 20분쯤 가면 느티나무가 우거진 작은 숲을 만날 수 있어요. 탈해왕이 신라를 다스리던 어느 날, 시림(始林)이라고 부르던 이 숲에서 닭 우는 소리가 요란하게 들려왔어요. 소문을 들은 탈해왕이 사람을 보내니 느티나무에 금궤가 걸려 있고 그 아래에서 흰 닭이 울고 있었어요. 금궤를 여니 단정하게 생긴 사내아이가 있었답니다.

김알지 탄생 설화를 소재로 그린 '금궤도'예요. 조선 후기 조속이라는 사대부가 그린 그림으로, 화면 중심부에 나무에 매달린 금 궤짝과 상서로운 흰색 닭을 섬세한 필치로 묘사했어요. 비단에 채색, 세로 132.4cm, 가로 48.8cm

탈해왕에게 사내아이를 데려가 자초지종을 고하자, 왕은 금궤에서 나왔다는 뜻에서 아이에게 김(金)씨 성을 내리고, 이름은 알지라고 했어요. 시림은 닭이 운 숲이라는 뜻으로 계림(鷄林)이라고 고쳤지요.

김알지는 무럭무럭 자라나 귀족이 되었답니다. 그리고 후손을 널리 퍼뜨려 제17대 내물왕이 김알지의 자손으로는 처음으로 신라의 왕이 되었어요. 내물왕 이후로는 오랫동안 김씨가 왕위를 이어받게 되었어요. 신라를 건국한 사람은 박혁거세지만, 오늘의 신라는 사실 김씨 왕들 아래에서 이룩된 거라고 해도 지나친 말이 아니랍니다.

김알지의 탄생 설화가 깃든 계림이에요. 신라 왕 56명 가운데 김알지의 후손인 김씨는 모두 38명이에요. 경주 교동

신라 왕의 칭호

신라(新羅)라는 국호와 왕(王)이라는 칭호는 신라가 건국된 지 500여 년이 지나서야 사용되었어요. 초기 신라 왕을 부르는 이름은 여러 가지였어요. 시조인 박혁거세는 '거서간'이라고 불렀고, 제2대 남해는 '차차웅'이라고 불렀어요. 거서간은 제사를 주관하는 제사장을 가리키는 말이고, 차차웅도 제사장인 무당과 정치 권력을 가진 군장을 동시에 가리키는 말이에요. 제3대인 유리부터 사용된 '이사금'은 나이 많은 사람을 뜻해요. 제17대인 내물에 이르러 강력한 우두머리를 뜻하는 '마립간'이라는 칭호를 썼는데, 이때부터 강력한 왕권이 성립했음을 알 수 있어요. 중국식으로 '왕'이라는 칭호를 쓰기 시작한 것은 제22대 지증왕으로, 이때 나라 이름도 '신라(新羅)'라고 정했어요.

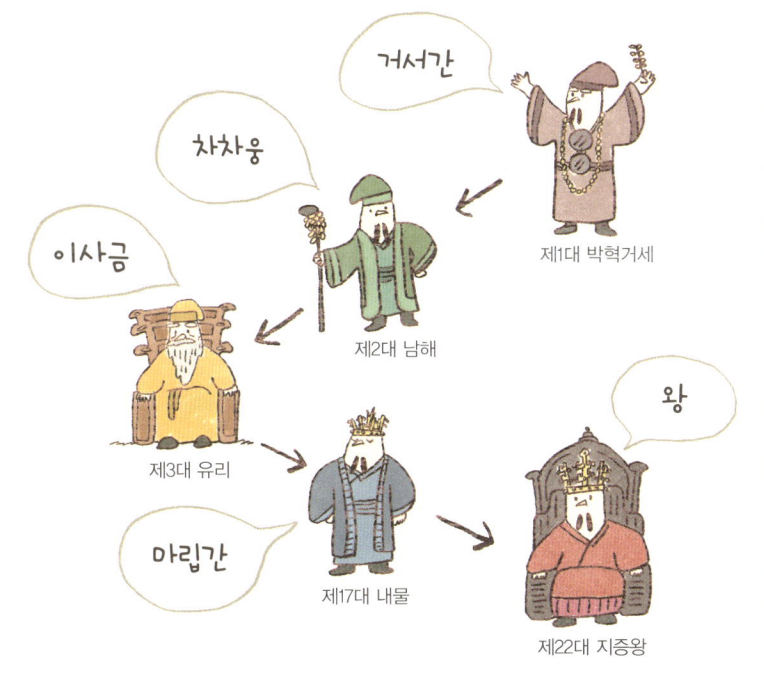

흙으로 만든 신라의 인형, 토우

신라를 생각하면 화려한 금관이 먼저 떠오릅니다. 하지만 신라의 토우를 보면 뜻밖의 소박한 모습에 깜짝 놀랄 거예요. 토우는 흙으로 빚은 인형이에요. 토우에는 불교나 유교 같은 외래 문화가 들어오기 전 토속적인 생활 문화를 간직하며 살아가던 신라인의 모습이 고스란히 담겨 있답니다.

흙으로 만든 목이 긴 항아리(장경호)예요. 신라의 장경호에는 특히 토우로 장식된 것이 많아요.
토우 장식 장경호, 높이 34cm, 경주 미추왕릉 지구 출토, 국보 제195호

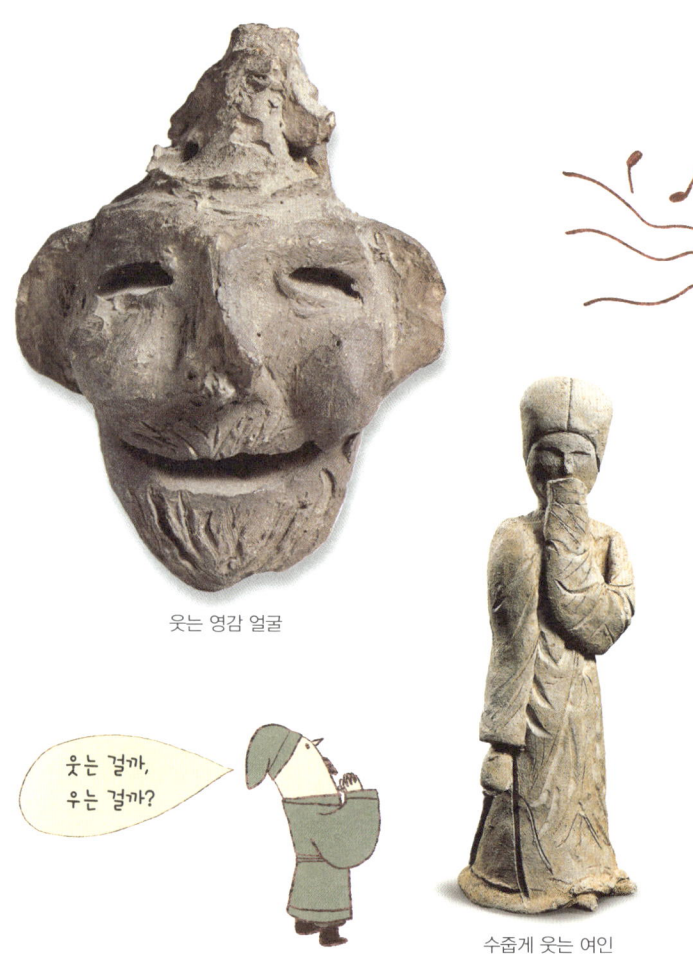

웃는 영감 얼굴

비파를 연주하는 사람

수줍게 웃는 여인

가야금을 뜯는 임신한 여인, 개구리를 무는 뱀 등 항아리의 어깨와 목 부분에 5cm 크기의 작은 토우들이 붙어 있어요.

토우 장식이 붙은 뚜껑과 동물 토우

원숭이

호랑이 독수리 토끼

굽다리 접시의 뚜껑에 활 쏘는 사람과
동물 토우를 붙여 장식했어요.

소와 수레바퀴

말을 탄 사람

신라를 일으킨 사람들

신라에 꽃비가 내리던 날 _ 이차돈

 신라 왕국의 탄생에 얽힌 이야기들, 재미있었나요? 지금부터는 신라가 백제와 고구려를 아우르고 통일 신라로 굳건히 서는 과정을 살펴보려고 해요. 신라를 일으켜 우뚝 세운 위풍당당한 신라의 인물들을 만나러 가 봅시다.
 고구려, 백제, 신라, 삼국이 국가의 기틀을 갖출 때 꼭 등장하는 것이 있어요. 바로 불교랍니다. 인도에서 생겨난 불교가 중국을 거쳐 한반도에 들어올 때까지 우리 조상들은 토속 신앙을 믿었어요. '무속'이라고도 부르는 우리나라의 토속 신앙은 자연에 깃든 신령과 조상의 영혼을 받들었어요. 그렇게 여러 종류의 신을 받들다 보니 신분과 집안에 따라 섬기는

신이 서로 달랐어요. 왕족은 왕족대로, 귀족은 귀족대로 저마다의 종교를 가지고 살았던 셈이지요.

그런데 불교가 들어오면서 사정이 달라졌어요. 불교는 부처님 아래 세상 만물이 평등하다고 가르쳤거든요. 불교를 믿게 되면 왕을 중심으로 귀족이든 백성이든 똑같은 가르침 아래 기도하며 살아가야 해요. 그런 원칙은 신라뿐 아니라 불교를 믿는 어떤 나라에서나 마찬가지예요. 그러니까 불교를 받아들이게 되면, 신라 귀족들이 누리던 특권은 사라지고 모든 나라에 똑같이 적용되는 불교의 교리에 맞추어 살아야 하는 거지요.

고구려와 백제에서는 불교를 받아들이는 데 큰 문제가 없었어요. 왕이 권력을 강화하기 위해 불교를 적극적으로 보호했고, 귀족들은 감히 저항할 엄두를 내지 못했거든요. 하지만 신라는 고구려나 백제보다 무속의 힘이 훨씬 더 강했어요. 귀족들은 자신들의 신앙을 포기하지 않으려고 했지요. 토속 신앙을 포기하는 건 귀족의 특권을 포기하는 거나 마찬가지니까요.

이런 귀족들의 고집을 꺾고 신라를 불교의 나라로 만든 사람이 법흥왕 때의 승려 이차돈이랍니다. 이차돈은 법흥왕의 먼 친척인데, 불교에 대한 믿음이 매우 큰 사람이었어요. 법흥왕이 왕위에 오른 지 14년째 되는 527년의 일이에요. 계림 서쪽에는 천경림이라는 숲이 있어요. 신라의 귀족들이 모여 신령들에게 제사를 지내는 곳이었지요. 이차돈은 천경림으로 가서 나무들을 모조리 베어 버리라고 일꾼들에게 명령했답니다.

"이곳에 절을 지어라. 그 절을 '흥륜사'라고 할 것이다!"

신라는 삼국 가운데 가장 늦게 불교를 받아들였지만, 이차돈의 순교 이후 어느 나라 못지않게 독실한 불교 국가가 되었어요. *경주 백률사 동종*

이차돈의 순교 이후 흥륜사는 신라 최고의 사찰로 사람들의 발길이 끊이지 않았어요. 지금은 조선 시대에 화재로 불타 없어진 흥륜사터에 새로 지은 사찰과 이차돈 순교비가 있어요. *경주 사정동*

이차돈의 거침없는 행동은 귀족들을 발칵 뒤집어 놓았어요.
"조상 대대로 내려오던 제사터를 쑥대밭으로 만들어 놓다니!"
"저자를 가만둘 수 없소. 왕은 결단을 내리시오!"
사실 법흥왕은 불교를 하루빨리 신라의 종교로 삼아서 귀족 세력을 누르고 싶었답니다. 천경림에 절을 짓겠다는 이차돈의 계획도 미리 알고 있었지요. 그렇지만 귀족들이 성이 나서 펄펄 뛰자 법흥왕은 못 이기는 척하며 이차돈을 잡아 오라고 했어요. 그리고 귀족들이 보는 앞에서 이차돈의 무릎을 꿇리고 죄를 물었지요. 이차돈은 용서를 빌기는커녕 당당하게 할 일을 했다고 주장했어요. 법흥왕은 하는 수 없이 귀족들이 보는 앞에서 이차돈을 처형하라고 지시했어요. 이차돈은 조금도 두려워하지 않고, 부처님이 있다면 자신이 죽은 뒤에 기이한 일이 일어날 거라고 말했어요.

순교할 당시 이차돈은 20대의 젊은이였어요.
이차돈은 우리나라 불교의 역사에서
최초의 순교자로 기억되고 있어요.

"제가 죽으면 목에서 흰 젖이 솟고 하늘에서 꽃비가 내릴 것입니다."

망나니가 칼을 휘두르자 놀라운 일이 일어났어요. 이차돈의 예언대로 잘려진 목에서 흰 젖이 한 길이나 솟구치고, 하늘과 땅이 흔들리더니 하늘에서 꽃이 비처럼 떨어지는 거예요.

눈앞에서 기적을 본 귀족들은 불교를 받아들이는 데 감히 반대하지 못했고, 법흥왕은 뜻한 대로 불교를 공인했어요. 천경림에는 이차돈이 계획한 대로 흥륜사가 들어서고, 하늘 높이 솟았던 이차돈의 머리가 떨어진 동쪽 소금강에는 백률사라는 절이 들어서 순교자의 넋을 기렸답니다.

이차돈이 순교한 지 약 300년이 지난 818년 헌덕왕 때 세운 기념비예요. 육각형으로 된 비석의 한 면에는 이차돈의 순교 장면이 새겨져 있고, 나머지 다섯 면에는 글자가 새겨져 있어요.
높이 1.04m, 국립경주박물관

이차돈의 목을 베었을 때 머리가 떨어진 자리에 세웠다는 백률사의 대웅전 *경주 동천동*

흥륜사지에서 출토된 사람 얼굴 모양의 인면와예요. 부드럽고 자애로운 표정으로 '신라의 미소'라고 불려요. *국립경주박물관*

신라의 불교

불교는 신라의 왕권을 든든히 받쳐 주었을 뿐 아니라 신라가 삼국을 통일하는 데도 결정적인 힘이 되었어요. 삼국 통일에 큰 공을 세운 화랑도의 '세속오계'는 불교의 고승인 원광 법사가 만들어 준 것이죠. 이처럼 신라의 불교는 국가와 왕실의 번영을 기원하는 호국 불교로서 신라의 정치와 사상에 많은 영향을 끼쳤어요. 또 건축물과 공예품 등 찬란한 불교 예술을 꽃피웠지요.

불국사와 석굴암

신라는 왕을 부처와 동일시하고 나라 전체를 부처의 땅, 즉 불국토로 만들고자 했어요. 불국사와 석굴암은 이러한 신라인의 간절한 염원이 표현된 이상향이에요.

불국사 안으로 들어가는 청운교와 백운교예요. 돌계단을 올라 자하문을 지나면 다보탑과 석가탑이 있는 대웅전 앞뜰이 보여요. *경주 진현동, 국보 제23호*

석굴암 본존불이에요. 돌을 깎아 만든 돔 천장 아래에 놓인 본존불을 중심으로 여러 보살상과 제자상이 좌우 대칭으로 배치되어 있어요. *경주 진현동 토함산, 국보 제24호*

신라의 아크로폴리스, 경주 남산

월성 남쪽에 우뚝 솟은 남산은 신라의 대표적인 불교문화 유적지예요. 고위산과 금오산 두 개의 봉우리와 40여 개가 넘는 계곡에는 신라 사람들이 만들고 새긴 수많은 탑과 불상, 절터 등이 흩어져 있지요. 부처의 세상을 그대로 옮겨 놓고 싶어 한 신라인들의 마음을 읽을 수 있어요.

1. 남산 신선암 마애보살반가상
2. 남산 탑곡 마애불상군(남쪽 면)
3. 남산 탑곡 마애불상군(서쪽 면)
4. 남산 삼릉계곡 마애석가여래좌상
5. 남산 칠불암 마애불상군
6. 남산 불곡 석불좌상

신라의 주요 사찰

신라의 불교는 삼국 통일 이후에 전성기를 맞이했어요. 온 세상 만물에 부처님이 깃들어 있다는 화엄종을 중심으로 불교는 한반도를 뒤덮었지요. 통일 신라 말기에는 선종이 크게 유행했어요. 지방 각지에서 호족 세력의 후원을 받으며 빠르게 성장한 선종은 오늘날 한국 불교를 대표하는 조계종의 뿌리를 이루고 있어요.

모두 신라 시대에 생긴 사찰이군!

불교 의식을 치를 때 사용한 청동 반자와 향합, 정병 등이에요. *경북 군위 인각사지 출토*

대좌와 광배를 모두 갖춘 금제여래입상이에요. 의상 대사가 출가했던 경주 황복사지 삼층석탑에서 발견되었어요. *국보 제80호*

부석사는 문무왕 16년(676년) 의상 대사가 왕명을 받들어 세웠어요. '무량수전' 현판은 고려 때 홍건적의 난을 피해 와서 머물렀던 공민왕이 직접 쓴 것이라고 해요. *경북 영주*

부석사 무량수전 뒤쪽 숲에 있는 부석 바위. 부석(浮石)은 '뜬 돌'이라는 뜻이에요. *경북 영주*

불교 대중화에 앞장선 원효

깜깜한 밤, 해골에 고인 썩은 물을 마시고 다음 날 아침에 깨어나 '진리는 밖에서 찾을 것이 아니라 자기 자신에게서 찾아야 한다'는 깨달음을 얻은 고승의 이야기는 알고 있겠지요? 그 주인공은 바로 불교의 대중화에 앞장선 원효 대사예요. 원효가 해골 물을 마신 것은 34세 때 불교를 공부하러 당나라로 가던 길에 일어난 일이에요. 원효는 당나라 유학을 포기하고 스스로 몸을 낮추어 시장과 저잣거리를 돌아다니며 대중들과 어울렸어요. 그러면서 광대처럼 노래하고 춤추며 불교를 누구나 알아들을 수 있는 노랫가락으로 사람들에게 알렸지요. 술집에 드나들며 미친 사람처럼 노래를 불러 대는 원효에게 손가락질을 하는 사람도 있었어요. 하지만 그 덕분에 왕이나 귀족들만 알고 있던 불교를 평범하고 신분이 낮은 사람들도 알게 되었답니다. 원효의 소문을 들은 태종 무열왕은 첫째 딸인 요석 공주가 사는 요석궁으로 그를 불렀어요. 원효는 이를 미리 알고 일부러 다리에서 떨어지고는 젖은 옷을 말린다는 핑계를 대고 궁에서 오래 머물렀어요. 마침내 요석 공주와 원효는 사랑하게 되고 두 사람 사이에서 아이가 태어나요. 이 아이가 바로 신라의 3대 문장가로 꼽히는 설총이랍니다.

도피안사의 철조비로자나불좌상이에요. 풍수지리의 대가로 불리는 도선은 875년(헌강왕 1년) '2년 뒤 고귀한 사람이 태어날 것'이라고 예언했는데, 그 말대로 송악(개성)에서 태조 왕건이 태어났다고 해요. 강원도 철원, 국보 제63호

진흥왕 때 창건한 법주사의 쌍사자 석등이에요. 화강암으로 만든 사자 두 마리가 석등을 받쳐 들고 있어요. 충북 보은, 국보 제5호

보림사는 한국 선종의 아버지라 불리는 도의의 제자 염거에게 불법을 전수받은 체징이 세운 절이에요. 삼층석탑은 현존하는 신라 석탑 가운데 상륜부까지 온전하게 남아 있는 유일한 탑이에요. 전남 장흥 가지산, 국보 제44호

황룡의 꿈 _ 진흥왕

신라는 삼국 가운데 가장 늦게 불교를 받아들였지만, 이후로는 어느 나라보다도 더욱 극진히 불교를 받들었어요. 임해전에서 나와 큰길을 따라가면 닿을 수 있는 황룡사를 보면 알 수 있어요. 왕실의 사찰인 황룡사는 신라에서 가장 큰 절이자 경주를 상징하는 절이에요. 본래 황룡사 자리는 법흥왕의 뒤를 이은 진흥왕이 새 궁궐을 지으려고 했던 곳이랍니다. 그런데 왕이 궁궐 자리를 살피려고 가던 길에 황룡이 승천하는 모습을 봤다고 해요. 진흥왕은 계획을 바꿔 그 자리에 절을 짓도록 하고 '황룡사'라는 이름을 내렸어요.

진흥왕은 약소국이던 신라를 고구려, 백제와 맞먹는 강국으로 키운 정복 군주였어요. 그런 진흥왕이 궁궐을 지으려던 계획을 포기하고 지은 절이니 황룡사가 얼마나 중요한 절인지 알 수 있겠지요? 아마도 진흥왕은 황룡처럼 거대한 꿈을 품고 부처님의 가르침을 천하에 떨치려 했을 거예요.

황룡사는 그 규모나 중요도 면에서 신라의 으뜸가는 사찰이었어요. 중심 불탑인 황룡사 9층 목탑은 신라의 3대 보물 중 하나로 아홉 개의 층은 신라 변방의 나라들을 의미했답니다. 이 탑에는 이웃 나라가 감히 침범하지 못하게 하겠다는 의지가 담겨 있었어요.

황룡사에는 철 5만 7천 근과 황금 3만 푼을 들여 만든 거대한 금동불상도 있었어요. 전설에 따르면 불교를 널리 퍼뜨린 인도의 아소카왕이 불상을 만들려다 실패하자 그 재료들을 배에 실어 바다에 띄워 보내며 "인연이 닿는 땅에 가서 완성되기를 비노라." 하고 기도했다고 해요. 800여 년 만인 574년(진흥왕 35년)에 철과 황금을 실은 배가 신라에 닿았고, 진흥왕은 황룡사에 '금동장륙존상'을 세우게 했어요. 이듬해에는 금동장륙존상이 눈물을 흘렸다는군요.

이 이야기가 사실인지는 알 수 없지만, 진흥왕은 아소카와 같은 불교의 수호자로 떠받들어졌어요. 아소카왕과 진흥왕은 부처님의 가르침을 만방에 떨치는 '전륜성왕(불법이 바퀴를 굴리며 세상으로 나아가는 성스러운 왕)'이 되려고 했어요. 그런 진흥왕의 소망에 부처님이 박수를 쳐 준 것일까요? 진흥왕 때 신라는 드디어 강대국으로 우뚝 서게 된답니다.

황룡사지에서 출토된 망새. 182cm나 되는 높이로 보아 이 망새가 사용된 건물이 얼마나 거대하고 웅장했는지를 짐작할 수 있어요.

팔각형 집 모양 사리기 *경주 황룡사지 출토*

금제합과 은제합, 구슬 *경주 황룡사지 출토*

경주 남산의 바위에 새겨진 황룡사 목탑이에요.
연꽃 위에 앉은 부처님을 가운데 두고 9층 탑과
7층 탑이 나란히 새겨져 있어요.
경주 남산 탑곡 마애불상군(북쪽 면), 보물 제201호

진흥왕은 백제의 성왕과 힘을 합쳐 고구려를 물리치고 한강 유역으로 진출했어요. 한반도 동남쪽 외진 곳에서 시작한 신라가 드디어 반도의 허리를 감아 도는 한강을 차지하게 되었지요. 진흥왕은 거기서 만족하지 않고, 백제 군대를 쫓아내고 한강 유역의 땅을 독차지했답니다. 백제의 성왕은 화가 단단히 나서 몸소 군대를 이끌고 신라군을 공격했지만, 도리어 신라군의 기습 공격을 받고 목숨을 잃었어요.

옛날에 '한강을 차지하는 자가 천하를 차지한다.'라는 말이 있었어요. 처음에 한강에서 일어난 나라는 백제였는데, 그걸 고구려가 빼앗았지요. 마지막으로 신라가 고구려와 백제를 물리치고 한강을 차지했으니, 신라가 천하의 주인이 되는 건 시간문제 아니었을까요?

진흥왕은 한강 유역을 차지한 데 만족하지 않고 동쪽 해안을 따라 고구려 땅 깊숙이 올라갔어요. 그리하여

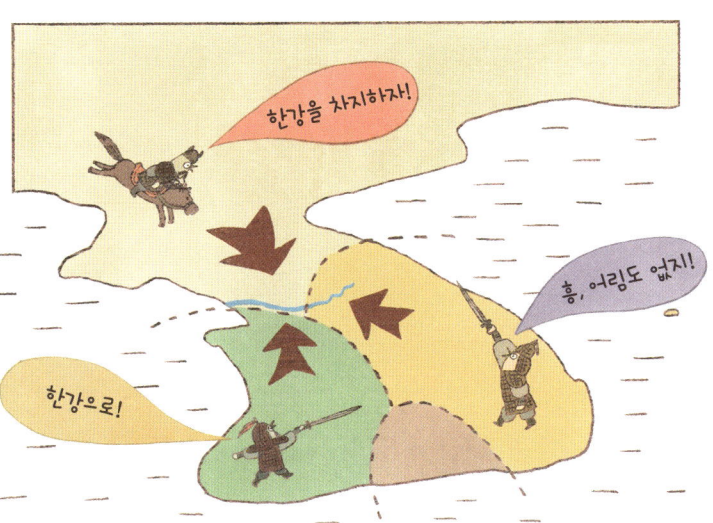

한강은 한반도의 중심에 있고 농사짓기에 좋아서 경제적, 군사적으로 매우 중요했어요. 고구려, 백제, 신라, 삼국은 모두 한강 유역을 차지하고 있을 때가 전성기였어요.

동북 지역까지 신라의 땅으로 만드는 데 성공했답니다. 그런가 하면 남쪽에서는 신라와 백제 사이에 있던 가야 연맹을 완전히 정복하여 신라의 위세를 사방에 떨쳤어요. 가야 연맹이 멸망하면서 이제 만주와 한반도에는 고구려, 백제, 신라, 세 나라만 남아 있는 진짜 삼국 시대가 펼쳐지게 되었답니다.

신라의 위세를 보여 준 진흥왕 순수비

순수란 임금이 나라 안을 두루 살피며 돌아다니는 것을 말해요. 순수비는 이를 기념하기 위해 세운 비석이지요. 진흥왕 순수비는 적극적인 대외 정복 사업을 펼쳤던 진흥왕의 업적을 보여 주는 유적으로, 가야 지역, 한강 유역, 함경도 지역에 모두 4개가 있어요. 비문에는 왕의 업적뿐 아니라 왕을 수행했던 신하들의 이름과 관직, 부서명 등의 내용이 있어서 신라의 관제, 신분제 등 당시의 역사를 연구하는 데 중요한 가치를 지녀요.

신라 최초의 여왕_선덕 여왕

황룡사 9층 목탑을 세운 사람은 신라 최초의 여왕인 선덕 여왕이에요. 당시에는 여자가 왕이 되는 것은 동양뿐 아니라 서양에서도 매우 드문 일이었어요. 더군다나 고구려, 백제와 틈만 나면 전쟁을 벌여야 하는 위태로운 상황에 처한 신라에서 여자가 어떻게 왕이 될 수 있었을까요?

이야기는 진흥왕 때로 거슬러 올라간답니다. 진흥왕의 맏아들인 동륜 태자는 어이없게도 개에 물려 죽었어요. 신라에서는 맏아들이 왕위를 잇지 못하게 되면 그 맏아들의 맏아들이 왕위에 오르는 게 원칙이었어요. 그런데 동륜의 동생이 그 자리를 가로채고 진흥왕의 뒤를 이어 왕이 되었어요. 신라 제25대 왕인 진지왕이지요. 진지왕은 4년 만에 쫓겨나고 다시 동륜의 아들이 왕위에 올랐어요. 이 사람이 선덕 여왕의 아버지인 제26대 진평왕이랍니다. 삼촌에게서 왕위를 빼앗은 진평왕은 만방에 선언했어요.

"이제부터 아버지인 동륜의 피를 물려받은 자만 왕이 될 수 있노라!"

이 말은 신라의 김씨 왕족 가운데서도 오로지 진흥왕, 동륜, 진평왕으로 이어지는

분황사 모전석탑과 탑 안에서 발견된 가위와 바늘통, 바늘이에요. 여성이 사용하던 생활용품이 많은 것으로 보아 선덕 여왕을 기리는 탑으로 여겨요. *경주 구황동, 국보 제30호*

신라 왕 계보(기원전 57년 ~ 935년)

제1대 박혁거세 거서간	제7대 일성 이사금	제13대 미추 이사금	제19대 눌지 마립간	제25대 진지왕
제2대 남해 차차웅	제8대 아달라 이사금	제14대 유례 이사금	제20대 자비 마립간	제26대 진평왕
제3대 유리 이사금	제9대 벌휴 이사금	제15대 기림 이사금	제21대 소지 마립간	제27대 선덕 여왕
제4대 탈해 이사금	제10대 내해 이사금	제16대 흘해 이사금	제22대 지증왕	제28대 진덕 여왕
제5대 파사 이사금	제11대 조분 이사금	제17대 내물 마립간	제23대 법흥왕	제29대 태종 무열왕
제6대 지마 이사금	제12대 첨해 이사금	제18대 실성 마립간	제24대 진흥왕	제30대 문무왕

혈통에서만 왕이 나올 수 있다는 거예요. 이 직계 가족을 '성스러운 혈통'이라는 뜻에서 '성골(聖骨)'이라고 불렀어요. 같은 왕족이라도 성골이 아닌 사람은 '진골(眞骨)'이라고 불렀고, 진골은 왕이 될 수 없었답니다.

그러나 성골만이 왕이 될 수 있다는 원칙은 당장 벽에 부딪혔어요. 진평왕이 죽을 때가 다 되었는데 왕위를 이을 자식이 없었던 거예요. 정확하게 말하면 자식이 없었던 게 아니라 아들이 없었던 거지요. 그렇다고 성골이 아닌 다른 김씨 친척에게 왕위를 물려주기는 싫었어요. 그때 진평왕은 딸인 덕만 공주를 떠올렸어요.

"그래! 여자라고 왕이 되지 말라는 법이 어디 있느냐? 성골이면 되지!"

그리하여 성골인 덕만 공주가 왕위에 올랐고, 제27대 선덕 여왕이 되었답니다. 재위 기간 동안 선덕 여왕은 숱한 위기를 맞았어요. 백제는 날이면 날마다 신라를 공격했고, 중국 대륙을 통일한 당나라는 여왕이 다스리는 나라라고 신라를 우습게 여겼지요. 한번은 당나라 황제인 태종이 선덕 여왕에게 모란꽃 그림을 선물로 보냈어요. 선덕 여왕은 그림을 보고는 이렇게 말했어요.

"향기가 없는 꽃이로구나. 꽃만 있을 뿐 나비와 벌이 없으니……."

선덕 여왕은 재위 기간(632~647) 동안 강력한 숭불 정책으로 왕권 안정을 꾀하고 중앙 집권 체제를 강화했어요.

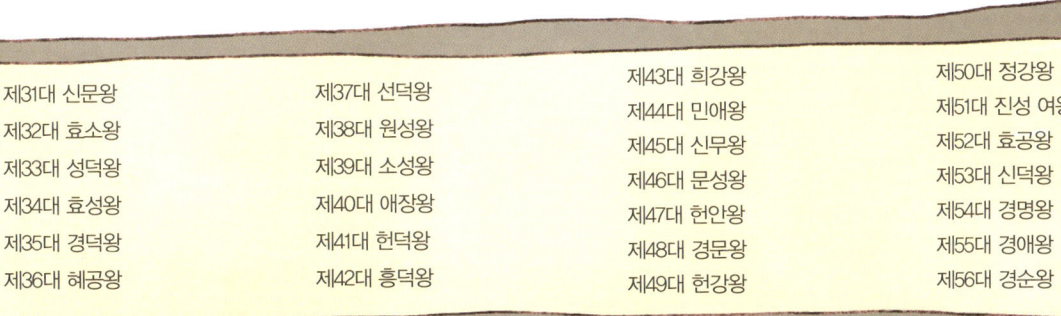

제31대 신문왕	제37대 선덕왕	제43대 희강왕	제50대 정강왕
제32대 효소왕	제38대 원성왕	제44대 민애왕	제51대 진성 여왕
제33대 성덕왕	제39대 소성왕	제45대 신무왕	제52대 효공왕
제34대 효성왕	제40대 애장왕	제46대 문성왕	제53대 신덕왕
제35대 경덕왕	제41대 헌덕왕	제47대 헌안왕	제54대 경명왕
제36대 혜공왕	제42대 흥덕왕	제48대 경문왕	제55대 경애왕
		제49대 헌강왕	제56대 경순왕

선덕 여왕은 자신을 향기 없는 꽃이라고 비아냥거리는 당 태종의 속내를 꿰뚫어 보고는 빈틈을 보이지 않으려고 더욱 노력했답니다. 선덕 여왕은 어떤 왕 못지않게 훌륭한 정치를 폈고, 왕권을 든든히 지켰어요.

계림 옆에 있는 첨성대에서 선덕 여왕의 위엄을 한눈에 알아볼 수 있답니다. 첨성대는 하늘을 관측하는 천문대였어요. 하늘의 움직임을 살펴 백성에게 올바른 시간과 절기를 알려 주는 일은 왕의 첫 번째 의무였어요. 첨성대를 세운 임금이 선덕 여왕이라는 것은 여왕이 얼마나 임금 노릇을 똑 부러지게 해냈는지 잘 알려 주는 사실이지요.

선덕 여왕이 권력을 다져 나가자 불안해진 귀족들도 생겨났어요. 왕의 권력이 강력해질수록 귀족이 누리던 특권은 줄어들고 왕에게 꼼짝 못 하게 되니까요.

선덕 여왕 때 축조된 첨성대는 '별을 살피는 대'라는 뜻이에요. 위는 네모지고 아래는 둥근 모양으로 높이가 9.17m, 밑지름과 윗지름이 각각 4.93m, 2.85m이며, 남쪽 가운데에 한 변이 1m인 정사각형 문이 나 있어요. 경주 인왕동. 국보 제31호

647년, 선덕 여왕을 몰아내고 권력을 차지하려는 귀족들이 반란을 일으켰어요. 서라벌 전체가 피로 얼룩진 전쟁터가 되었지요. 반란의 지도자는 비담이라는 귀족이었어요.

비담은 귀족 가운데 가장 높은 자리인 상대등이었기 때문에 반란은 규모가 매우 컸답니다. 반란 초기에는 반란군에 유리하게 전개되었지만 선덕 여왕에게는 김유신과 김춘추라는 유능한 신하가 있었어요.

마침내 반란군은 진압되었고, 비담을 비롯한 반란군의 주도자들은 모두 죽임을 당했답니다. 그런데 반란을 토벌하던 중에 선덕 여왕이 갑자기 세상을 떠나고 말았어요. 내란 중에 임금이 서거한 것은 큰일이었죠. 게다가 선덕 여왕은 왕위를 이을 자식도 없었어요. 김유신과 김춘추는 당황하지 않고 여왕의 사촌 동생인 승만 공주를 다음 왕으로 추대했답니다. 동륜의 혈통인 성골 중에서 후계자를 고르다 보니 다시 한 번 여왕이 신라를 지배하게 된 거예요.

진덕 여왕은 사촌 언니의 뒤를 이어 침착하고 올곧게 나라를 이끌었답니다. 진덕 여왕의 시대가 열린 것은 곧 김유신과 김춘추의 시대가 열린 것이기도 해요.

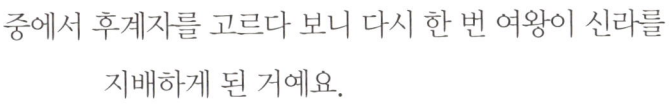

'비담의 난'은 왕권을 중심으로 한 중앙 집권화에 강력히 반발하던 귀족들의 불만과 갈등이 표출된 반란이었어요.

신라의 골품 제도

신라의 신분은 성골과 진골의 골족, 1~6두품의 두품층으로 나뉘었어요. 3두품 이하는 평민이었지요. 신분에 따라 관등, 관복의 색깔뿐 아니라 소유할 수 있는 집이나 말의 수도 정해져 있었어요.

관등		골품				공복
등급	관등명	진골	6두품	5두품	4두품	
1	이벌찬					자색
2	이찬					
3	잡찬					
4	파진찬					
5	대아찬					
6	아찬					비색
7	일길찬					
8	사찬					
9	급벌찬					
10	대나마					청색
11	나마					
12	대사					황색
13	사지					
14	길사					
15	대오					
16	소오					
17	조위					

신라를 빛낸 우정 _ 김유신과 김춘추

김유신과 김춘추는 신라 천 년 역사에서도 손꼽힐 만큼 뛰어나고 훌륭한 사람들이에요. 김유신은 기상이 서릿발 같은 데다 무예가 뛰어난 장군이고, 김춘추는 사려 깊고 말을 잘하는 최고의 외교관이었지요. 김유신은 김춘추보다 아홉 살 더 많았는데 나이를 초월한 두 사람의 우정은 죽을 때까지 변함없이 이어졌답니다.

김유신은 진흥왕에게 정복당한 금관가야 왕족의 후손이었어요. 할아버지는 금관가야의 마지막 왕인 구형왕의 셋째 아들이었지요. 금관가야가 멸망하지 않았다면 김유신은 금관가야의 왕족으로 신라와 맞서 싸웠을지도 몰라요. 만약 그랬다면 금관가야가 호락호락하게 당하지만은 않았을 거예요. 김유신은 그만큼 대단한 장수였지요.

금관가야는 가락국이라고도 했고, 시조는 김수로예요. 42년에 건국되어 532년 신라에 멸망했어요.
가야 금관, 국보 제138호

『삼국유사』의 「가락국기」에 따르면 가야는 갑옷과 투구를 만드는 기술이 뛰어났다고 해요. 김해 퇴래리 출토

여러 가지 모양의 가야 토기
고성 연당리 출토

수레바퀴 모양 토기
함안 도항리 출토

김유신의 어머니 만명 부인은 아들을 엄하게 키웠어요. 망한 나라의 후손이기 때문에 자칫 잘못했다가 신라 사람들의 눈 밖에 나는 것을 경계했기 때문이지요.

김유신도 어머니의 뜻을 잘 받들어 문무에 모두 능한 젊은이로 자랐어요. 신라 귀족의 자제들은 화랑이라는 조직에 들어가 심신을 수련하고 국가를 위해 일할 준비를 했는데, 김유신도 용화향도라는 화랑 조직을 이끌었답니다. 어느 날 김유신은 벗들과 술을 마시며 놀다가 기생집에서 하룻밤을 보냈어요. 그때 김유신은 천관이라는 기생에게 빠져들었고, 천관도 김유신을 흠모하게 되었답니다.

신라의 꽃, 화랑(花郎)

신라의 전통적인 청년 수련 단체인 화랑도는 '싸움에 나서면 물러나지 않는다.', '살생(殺生)은 가려서 한다.' 등이 포함된 원광 법사의 '세속오계'를 받아 용감무쌍한 태도를 가다듬었어요.
본래 신라에는 원화(原花)라고 하는 여성이 낭도를 거느린 원화라는 조직이 있었으나, 원화와 낭도 사이에 갈등이 생기자 남성을 우두머리로 하는 화랑을 새로 만들었어요. 김유신이 이끄는 용화향도가 활약할 무렵에는 하나의 화랑 조직이 화랑 1명, 승려낭도 1명, 낭도 700~800명으로 이루어졌어요.
'용화'는 미륵 부처가 세상을 구하기 위해 내려와 용화수 아래에서 설법을 한다는 말에서 유래한 것으로, 김유신의 용화향도는 불교의 미륵 신앙과 관계가 있는 것으로 보여요.

화랑이 있어 신라가 든든하군.

울산광역시 울주군 천전리 계곡의 바위에 새겨진 그림과 글씨예요. 이곳에 놀러 온 여러 화랑의 이름이 새겨져 있어요. 국보 제147호

신라 청소년들이 충성을 맹세하는 내용을 새긴 임신서기석이에요.
길이 약 30cm, 보물 제1411호

재매정은 김유신의 생가 터에 있는 우물이에요. 김유신이 백제군과 싸우던 중 집에는 들르지 않은 채 우물물을 길어 오게 하여 마시고 다시 전쟁터로 나갔다는 이야기가 전해 와요. 경주 교동

김유신과 천관의 사이를 알게 된 만명 부인은 아들을 나무라며 흐느껴 울었어요.

"네가 잘 자라 공을 세워 임금과 어버이를 영화롭게 하기를 바랐거늘 술집에서 놀아나다니……."

어머니의 충고를 들은 김유신은 천관과 만나지 않겠다고 맹세했어요. 하지만 천관을 잊지 못한 김유신은 어느 날 술에 취해 말에 탄 채로 천관을 찾아갔답니다. 천관은 오랜만에 찾아온 김유신을 반겼지만, 정신이 든 김유신은 어머니와의 약속을 떠올리며 후회했어요. 그래서 애꿎은 하인을 채찍으로 때리고 말의 목을 벤 다음, 안장을 버리고 집으로 돌아갔어요.

말은 정이 있어
옛길을 알고 찾아갔건만
하인은 무슨 죄가 있어
채찍을 맞았는고.
「천관사」중에서

김유신 초상

천관은 김유신의 뒷모습을 바라보며 원통한 마음을 노래로 지어 읊었어요.

「원사(怨詞)」라고 하는 이 노래는 안타깝게도 곡과 가사가 남아 있지 않아요. 아마도 김유신을 원망하면서도 그리워하는 마음이 고스란히 들어 있지 않았을까요?

그 일이 있은 후 천관은 머리를 깎고 절에 들어가 비구니가 되었어요. 그리고 김유신이 나라를 위해 큰일을 하는 사람이 되기를 빌었다는군요. 훗날 김유신은 천관의 소식을 듣고 천관이 살던 집을 절로 바꿔 지었어요. 이 절은 오릉에서 월성으로 가는 길에 있는데, 지금은 무너진 탑의 기단석과 옥개석만 논두렁 사이에 흩어져 있답니다. 고려 중기 이공승이 지었다는 「천관사」라는 시를 보면 고려 때만 해도 아직 천관사가 남아 있었음을 알 수 있어요.

어머니의 뜻에 따라 한 여인에 대한 사랑을 단호하게 끊어 버린 김유신은 훗날 삼국 통일을 이끈 위대한 인물이 되었어요. 만약 김유신이 다른 선택을 했다면 신라의 역사는 어떻게 바뀌었을까요?

지위가 높은 사람이 말을 탄 모습을 한 통일 신라 시대의 기마인물형토기예요. 말을 탄 사람의 복식과 말안장, 고삐, 재갈, 말다래 등 각종 말갖춤이 사실적으로 표현되었어요.
국보 제91호

철제 말 재갈 경주 월지(안압지) 출토

금동 발걸이 천마총 출토

금동 말안장 뒷가리개예요. 화려하고 영롱한 초록색 부분은 비단벌레의 날개를 촘촘하게 붙여서 만들었어요. 황남대총 출토

김유신과 달리 김춘추는 신라의 왕족이었어요. 그러나 왕위에 있다가 쫓겨난 진지왕의 손자였기 때문에 왕이 될 수 없는 진골이었지요. 김춘추는 김유신의 누이동생인 문희와 혼인을 해서 김유신과 처남 매부 사이가 되었는데, 이에 얽힌 재미있는 이야기가 있답니다.

어느 날 김유신은 김춘추와 축국을 하다가 일부러 김춘추의 옷고름을 밟았어요. 그리고 동생인 문희를 시켜 김춘추의 옷고름을 달아 주게 했지요. 문희는 김춘추의 아이를 임신했지만 왕족인 김춘추가 가야 유민의 딸과 혼인하기는 어려웠어요. 그러자 김유신은 선덕 여왕이 자기 집 부근을 지날 때를 노려 문희를 나뭇단 위에 세워 놓고 나뭇단에 불을 질렀어요.

축국하는 사람들이 그려진 중국 구리 거울이에요. 『삼국사기』에는 김유신과 김춘추가 함께 축국을 했다는 기록이 있어요.

선덕 여왕이 사람을 보내 김유신이 누이동생을 불태워 죽이려는 사정을 듣더니, 김춘추를 불러 문희와 혼인하라고 명령했지요. 왕이 허락한 일이니 아무도 불만을 품을 수 없었답니다.

이처럼 김유신은 치밀한 계획을 세워 왕족인 김춘추와 사돈이 되었어요. 훗날 김유신은 김춘추의 딸을 부인으로 맞았어요. 조카딸과 혼인한 셈이지만 신라 시대에는 불법이 아니었다고 해요. 이처럼 김유신과 김춘추는 철저한 정략결혼으로 단단히 묶였고, 가야 왕족 출신인 김유신과 신라의 진골 출신인 김춘추가 신라의 새로운 정치 세력으로 떠오르게 되었지요.

두 사람은 힘을 합쳐 선덕 여왕을 돕고 비담의 난을 진압한 뒤 신라에서 가장 권세 있는 두 남자가 되었어요. 선덕 여왕의 뒤를 이은 진덕 여왕이 자식 없이 죽자 김유신은 다음 왕으로 김춘추를 추천했어요. 성골이 한 명도 남아 있지 않았기 때문에 진골 가운데서 왕을 골라야 했거든요. 당시 신라에서 가장 힘센 김유신 장군이 김춘추 말고 누굴 왕으로 내세우겠어요? 김유신 자신이 왕위에 오르면 되지 않았냐고요? 신분제가 뿌리 깊은 신라에서 가야 출신이 왕이 된다면 아무래도 말이 많았을 거예요. 그래서 김유신은 김춘추를 제29대 태종 무열왕으로 만들고 충성을 다했어요. 김춘추는 왕이 되기 전 중국으로 건너가서 당나라 황제인 태종을 만나 신라를 도와 달라고 부탁했어요.

김춘추는 654년 진골 출신으로는 맨 처음으로 신라의 왕이 되었어요. *태종 무열왕 초상*

태종 무열왕릉에 있는 태종 무열왕릉비예요. 비석의 몸체는 없어지고 비석을 얹어 놓았던 귀부와 머릿돌만 남아 있어요.
경주 서악동, 국보 제25호

김유신의 초상이 있는 흥무전의 현판이에요. 김유신은 죽은 지 162년이 지난 흥덕왕 10년에 '흥무대왕'이라는 칭호를 받았어요. 충북 진천 길상사

고구려와 백제가 신라를 괴롭히니 당나라의 힘을 빌린 거지요. 당 태종은 김춘추가 마음에 들어 신라를 돕겠다고 약속했어요. 그 덕분에 태종 무열왕 김춘추는 당나라 군대의 도움을 받아 백제를 멸망시킬 수 있었답니다.

태종 무열왕은 비록 고구려까지 멸망시키는 것을 보지 못하고 죽었지만, 신라가 삼국 통일을 이룩할 수 있도록 기반을 닦은 왕이었어요. 그래서 김유신을 비롯한 신라의 신하들은 죽은 김춘추에게 황제에게나 붙이던 '태종'이라는 호칭을 바쳤답니다. 신라의 역대 임금 가운데 이처럼 높은 칭호를 받은 왕은 태종 무열왕밖에 없어요. 평생의 벗인 김춘추가 죽은 뒤에도 김유신은 김춘추의 아들인 문무왕을 모시고 삼국 통일의 과업을 이어 나갔어요.

668년(문무왕 8년)에는 당나라와 함께 고구려를 멸망시켰어요. 그러자 당나라가 검은 속셈을 드러내 옛 백제와 고구려뿐 아니라 신라까지도 다 차지하려고 했답니다. 하지만 김유신과 문무왕이 이끄는 신라는 결코 만만한 나라가 아니었어요. 당나라는

'신라 태대각간 김유신묘'라고 적힌 김유신의 묘비예요. 태대각간은 신라의 17관등 중 가장 높은 '각간'에 태(太) 자와 대(大) 자를 붙인 최고의 벼슬이에요. 경주 충효동

김유신의 묘는 지름 30m에 달하는 커다란 규모로, 봉분 아래를 둘레돌과 돌난간으로 장식했어요. 둘레돌에 새겨진 십이지신상은 평복을 입고 무기를 들고 있는 모습으로, 몸은 사람의 형체이고 머리는 열두 띠를 상징하는 동물 모양이에요. 경주 충효동

당시 동아시아 전체를 통일해 나가던 제국이었지만, 신라는 굴하지 않고 맞서 싸웠답니다. 그리하여 676년(문무왕 16년)에 마침내 당나라를 완전히 몰아내고 삼국 통일을 완수했지요. 하지만 그때는 이미 김유신 장군도 저세상으로 떠난 뒤였죠.

문무왕은 온 나라의 신하와 백성들과 함께 김유신의 죽음을 애도하고, 형산강 건너 서악 자락에 정성껏 장사 지내 주었답니다.

김유신은 사실상 왕이나 다름없는 권력을 누렸지만, 신하의 본분을 한 번도 잊은 적이 없었어요. 그러한 김유신도 죽은 뒤에 왕의 자리에 올랐답니다. 신라 제42대 흥덕왕은 삼국을 통일하는 데 누구보다 큰 공을 세운 김유신을 기려 '흥무대왕'이라는 칭호를 바쳤거든요.

김유신의 무덤은 장군의 무덤이지만 신라 어느 왕의 무덤 못지않은 규모를 자랑한답니다. 그뿐만 아니라 '흥무왕릉'이라는 글씨가 선명하게 새겨진 비석도 우뚝 서 있어 "과연 김유신!"이라는 감탄사가 절로 나오지요.

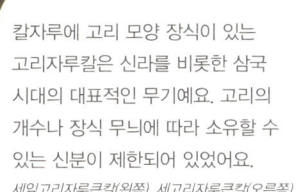

칼자루에 고리 모양 장식이 있는 고리자루칼은 신라를 비롯한 삼국 시대의 대표적인 무기예요. 고리의 개수나 장식 무늬에 따라 소유할 수 있는 신분이 제한되어 있었어요.
세잎고리자루큰칼(왼쪽), 세고리자루큰칼(오른쪽)

죽어서도 나라를 지키리라 _ 문무왕

삼국 통일의 과업을 완수한 문무왕은 681년에 죽으면서 이런 유언을 남겼어요.

"내가 죽은 뒤에도 동해의 용이 되어 나라를 지킬 테니 내 몸을 태워 그 뼈를 바다에 묻어 다오."

자, 이제 문무왕의 마지막 가는 길을 따라 동해로 달려가 봅시다. 신문왕은 능지탑에서 문무왕의 다비식을 엄숙하게 거행했어요. 임금처럼 높은 사람을 왜 화장하냐고요? 신라는 왕부터 백성까지 모두가 불교를 믿는 나라였기 때문에 누구나 죽으면 당연히 화장을 했답니다. 능지탑에서 동쪽으로 30여 킬로미터를 가면 탁 트인 동해가 나와요. 다비식을 끝낸 신문왕은 황금으로 장식한 부왕의 유골함을

이견대가 있었던 자리에 세워진 이견정. 문무왕의 능이 한눈에 보여요. 경주 감포읍

신라 제30대 문무왕의 수중릉. 대왕암이라고도 불러요. 경주 양북면 봉길리 앞바다

바다 한가운데에 있는 바위 무덤에 안치했어요. 이곳이 바로 신라 역사상 유일한 해중릉, 곧 바닷속 왕릉이에요.

신문왕은 서라벌로 돌아가는 길에 감은사에 들렀어요. 감은사는 문무왕이 살았을 때 짓기 시작한 것을 신문왕이 완성한 절이랍니다. 감은사 금당 앞에는 두 개의 삼층석탑이 멋진 조화를 이루며 서 있어요. 두 개의 석탑을 삼층으로 지은 까닭은 고구려, 백제, 신라, 삼국이 하나로 되었다는 것을 상징하기 위해서였지요.

지금 감은사 터에는 삼층석탑만 있고 절은 없어요. 그런데 감은사 금당을 가까이 가서 보면 그 모양새가 무척 흥미로워요. 금당의 주춧돌이 땅에 박혀 있는 것이 아니라 마치 마루를 깔아 놓은 것처럼 아래쪽에 통로가 있거든요. 바로 동해의 용이 된 문무왕이 바다를 통해 들어와 금당 밑에 서리도록 만든 통로랍니다.

화장한 후 뼈를 담아 묻을 때 사용하던 인화문 뼈단지예요. 통일 신라 시대에는 불교의 영향으로 화장 풍습이 널리 유행했어요.
높이 31.5cm, 국립경주박물관

감은사지 삼층석탑 *경주 양북면*

신라 시대에 만들어진 주악천인상이에요.
지그시 눈을 감은 천인이 피리를 부는 모습이
작은 금동판에 섬세하게 표현되어 있어요.
높이 4.1cm, 경주 월지(안압지) 출토

감은사(感恩寺)라는 이름도 나라를 지키기 위해 죽어서도 용이 된 문무왕의 은혜에 감사한다는 뜻을 지니고 있어요. 이런 정성을 바쳤으니 신라가 삼국을 통일한 뒤에도 오래도록 평화와 번영을 누릴 수 있었던 거겠지요.

감은사를 지은 이듬해에 이상한 일이 일어났어요. 동해에 있는 작은 산이 감은사 쪽으로 떠내려왔거든요. 신문왕이 천문을 담당한 관리를 불러 점을 치게 하니 문무왕과 김유신 두 사람이 신라를 지켜 줄 보물을 보내 준 것이라고 아뢰었어요.

거북의 머리처럼 생긴 산 위에는 대나무 한 그루가 있었는데, 이 대나무는 신기하게도 낮에는 갈라져서 둘이 되었다가 밤에는 하나로 합쳐졌어요. 신문왕이 산으로 건너가자 용 한 마리가 나타나더니 검은 옥띠를 바쳤어요. 왕이 용에게 산의 대나무가 갈라졌다가 합해지곤 하는 이유를 물었더니, 용이 대답했어요.

"한 손으로 손뼉을 치면 소리가 나지 않지만, 두 손으로 치면 소리가 나는 것과 같습니다. 이 대나무도 하나로 합친 뒤에야 소리가 나지 않습니까? 바다의 용이 되신 선왕과 천신이 되신 김유신, 두 분이 마음을 합쳐서 이처럼 값으로 따질 수 없는 큰 보물을 내려 주신 것입니다. 이 대나무를 가져다가 피리를 만들어 불면 천하가 평화로워질 것입니다."

신문왕은 용의 말대로 대나무로 피리를 만들어 월성 안에 있던 신라의 보물 창고인 천존고에 보관했어요. 피리는 정말 신비로운 힘을 발휘했어요. 적군이 쳐들어올 때 이 피리를 불자 적군이 물러갔고, 전염병이 돌 때 피리를 불자 병이 나았지요. 그뿐만이 아니에요. 가뭄 때는 비가 오고 장마가 지면 날이 개었어요. 사람들은 이 피리를 '만파식적(萬波息笛)'이라고 불렀어요. 세상의 모든 어려움이나 고통을 잠재우는 피리라는 뜻이지요.

신라 사람들은 만파식적이 있는 한 신라는 결코 흔들리지 않고 영원한 평화를 누릴 거라고 믿었답니다.

에밀레종이라고도 부르는 성덕 대왕 신종은 경덕왕이 아버지인 성덕왕의 업적을 기리기 위해 만들기 시작했어요. 종의 위아래와 배 부분의 두께가 다르기 때문에 소리가 깊고 은은하면서도 멀리까지 퍼진답니다. 만파식적 전설은 이 종의 신비함을 널리 퍼뜨리기 위해 만들었다는 견해도 있어요.
국립경주박물관, 국보 제29호

신라의 내리막길

헌강왕의 누이동생인 진성 여왕이 왕위에 오르면서 신라는 급격한 내리막길로 들어섰어요. 중앙 정부가 귀족들의 권력 다툼에 휩싸여 있는 사이 지방에서 세력을 키운 실력자들이 나타나서 중앙 정부와 맞서게 되었지요. 이런 실력자들 가운데 견훤과 궁예는 후백제와 후고구려를 세우고 신라와 후삼국 시대를 이루었어요.

견훤은 927년(경애왕 4년)에 서라벌에 쳐들어가 포석정에서 연회를 벌이고 있던 경애왕을 죽이고 경순왕을 왕위에 올렸어요. 나라가 위기에 처했는데 왕이 잔치나 즐기고 있었으니 죽어도 마땅하다고 말하는 사람들도 있어요. 하지만 경애왕이 연회를 벌이던 것이 아니라 제사를 지내고 있었다고 주장하는 학자들도 있답니다. 포석정 건물이 있었던 곳에서 제사에

견훤은 상주 지방(오늘날의 경북 문경)의 호족 가문 출신으로, 어린 시절 호랑이의 젖을 먹고 자랐다는 설화가 전해 와요.

궁예는 901년 왕건을 비롯한 호족 세력의 도움을 받아 송악(오늘날의 개성)을 도읍으로 삼고 후고구려를 세웠어요.

왕건은 그 옛날 한반도와 만주를 호령한 고구려를 계승한다는 뜻에서 나라 이름을 '고려'라고 했어요.

사용하던 도구나 제기들을 발견했거든요.

어쨌든 포석정 사건으로 신라는 사실상 망한 것이나 다름없게 되었어요. 궁예를 몰아내고 고려를 세운 왕건은 견훤과 달리 신라 왕실에 우호적이었어요. 그러자 경순왕은 935년에 신하들과 의논한 끝에 고려의 수도인 송악까지 가서 왕건에게 항복했어요. 이로써 신라는 제1대 박혁거세부터 제56대 경순왕까지 56왕 992년 만에 왕조의 문을 닫게 되었어요.

935년 신라 경순왕, 고려 왕건에 항복

경순왕은 후백제의 견훤에게 죽임을 당한 경애왕의 뒤를 이어 왕위에 올랐지만, 왕건에게 항복하면서 신라의 마지막 왕이 되었어요.

신라 망국의 한이 서린 포석정

포석정은 통일 신라 시대의 별궁이 있던 곳으로 경주 남산의 서쪽 계곡에 있어요. 지금은 정자를 비롯한 건물이 모두 없어지고 수로만 남아 있지요. 포석정(鮑石亭)의 '포'는 전복이라는 뜻으로 구불구불한 모양이 전복처럼 생겼다고 해서 붙은 이름이에요. 신라의 왕과 귀족들은 수로 주위에 둘러앉아서 흐르는 물에 술잔을 띄워놓고 시를 읊으며 연회를 즐겼다고 해요. 『삼국사기』에는 927년 경애왕이 이곳에서 견훤이 이끄는 후백제군의 기습을 받았다고 기록되어 있어요. 경애왕의 뒤를 이은 경순왕이 훗날 왕건에게 항복하고 신라를 바쳤기 때문에 지금도 망국의 치욕이 서린 곳으로 기억되고 있지요. 1998년에 포석정 주변을 발굴할 당시 많은 유물이 출토되었는데, 그중에는 제사에 사용하는 그릇도 있었어요. 그래서 포석정이 나라의 제사를 지냈던 곳이라고 말하는 학자도 있답니다.

포석정은 모두 63개의 돌을 이어 만든 수로로 남산 포석 계곡의 물을 끌어와 사용한 것으로 보여요. 전체 길이는 약 22m이고, 수로의 폭은 일정하지는 않지만 평균 30cm 정도예요.
경주 배동

신라의 발자취

어린이 여러분! 신라 구경은 잘 했나요? 이제 우리 시대로 돌아옵시다.
신라가 멸망한 지 천 년도 훨씬 더 지났지만 우리 주변에는 신라의 자취가
많이 남아 있어요. 식당, 호텔, 문화 상품 등에서 '신라'라는 이름은
고급스러운 문화의 대명사처럼 쓰이고 있지요.
처용과의 만남으로 시작해서 신라의 역사를 살펴보았으니 이제는
현재의 신라, 나아가 미래의 신라에 대해 좀 더 생각해 보기로 해요.

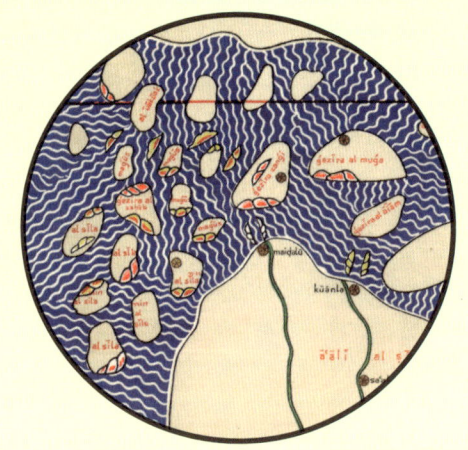

신라는 고급스러운 전통문화를 상징할 뿐 아니라 우리나라와 세계를 잇는 국제성과 개방성을 상징하기도 합니다. 왜 그런지는 지금까지 우리를 안내한 처용만 보아도 알 수 있지요. 우리나라는 서양 세계에 '코리아'라는 이름으로 알려져 있어요. 신라의 뒤를 이은 고려가 아라비아 상인들을 통해 서방에 알려지면서 이런 국제적인 이름을 얻게 되었지요. 하지만 그 이전에는 '신라'라는 이름도 세계에 널리 알려져 있었어요. 고려 시대였던 11세기까지도 이슬람 사람들은 우리나라를 '신라'로 알고 있었을 정도니까요.

이드리시의 세계 지도 속에서 신라는 여러 개의 섬으로 묘사되어 있어요.

12세기 중세 아랍의 지리학자이자 여행가인 알 이드리시가 만든 지도예요.
오늘날의 지도와는 방위가 180도 달라 지도의 위가 남쪽, 왼쪽이 동쪽이에요.

이슬람 학자 이븐 쿠르다지바가 쓴 〈도로와 왕국 총람〉에는 "중국 저쪽에 산이 많고 왕들이 많은 나라가 있는데 바로 신라다. 그곳은 금이 풍부하고 공기가 좋아 한번 정착한 이슬람교도들은 돌아오지 않는다."라고 쓰여 있답니다. 신라는 육지와 바다의 실크로드를 통해 중국을 넘어 중앙아시아와 서아시아의 여러 나라들과 교류했어요. 인도의 불교문화는 물론이고 그리스와 로마의 고대 문화도 고대의 동서 교역로를 통해 들어와 신라 문화를 풍부하고 아름답게 꾸며 주었지요.

신라는 당나라와 활발하게 교류하면서 인도, 페르시아, 중앙아시아 등지의 문화도 폭넓게 받아들였어요. 오른쪽에서 두 번째 조우관을 쓴 사람이 당나라를 방문한 신라 또는 고구려의 사신으로 짐작되고 있어요. 당나라 장회태자묘의 예빈도, 중국 시안

이국적인 동물의 형상이 그려진 황남대총 북분 은잔(왼쪽)과 원 안에 나무와 사자가 새겨진 사자공작무늬돌(오른쪽, 부분)은 무늬의 배치와 장식법으로 보아 서역의 영향을 받은 것으로 보여요.

오늘날 우리나라는 신라의 고급스러운 품격과 국제적이고 개방적인 전통을 이어받아 세계 여러 나라와 교류하며 '한류 문화'를 창조하고 있습니다. 하지만 어떤 면에서는 아직도 신라의 국제적 전통을 다 잇지 못하고 있어요.

우리나라의 중심 도로와 아시아의 여러 나라를 잇는 아시아 하이웨이, 우리나라의 철도를 세계와 연결하는 유라시아 철도를 보세요. 이 도로와 철도는 대륙을 향해 힘차게 뻗어 나가다가 휴전선 앞에서 멈춰 있습니다. 북한 지역 수백 킬로미터를 통과하지 못해 수만 킬로미터에 이르는 드넓은 길로 나아가지 못하는 것입니다.

어린이 여러분! 우리가 이 길을 열어젖히지 못하면 몇백 년이 지난 뒤 우리 후손들은 우리를 비웃을지도 모릅니다. 남북의 동포들이 어깨동무를 하고 세계로 뻗은 길을 달려 나가는 날을 함께 만들어 나갑시다!

한눈에 보는 신라 역사 연표

기원전 57년	신라 시조 박혁거세 즉위, 국호를 서라벌이라 함.
4년	제2대 남해 차차웅 즉위
24년	제3대 유리 이사금 즉위
57년	제4대 탈해 이사금 즉위, 국호를 계림으로 고침.
80년	제5대 파사 이사금 즉위
112년	제6대 지마 이사금 즉위
134년	제7대 일성 이사금 즉위
154년	제8대 아달라 이사금 즉위
184년	제9대 벌휴 이사금 즉위
196년	제10대 내해 이사금 즉위
230년	제11대 조분 이사금 즉위
247년	제12대 첨해 이사금 즉위
262년	제13대 미추 이사금 즉위
284년	제14대 유례 이사금 즉위
298년	제15대 기림 이사금 즉위
310년	제16대 흘해 이사금 즉위
356년	제17대 내물 마립간 즉위
399년	고구려의 도움으로 백제, 가야, 왜 연합군 물리침.
402년	제18대 실성 마립간 즉위
417년	제19대 눌지 마립간 즉위
458년	제20대 자비 마립간 즉위
433년	신라와 백제, 나제 동맹 결성
479년	제21대 소지 마립간 즉위
481년	고구려 장수왕, 신라 공격
500년	제22대 지증왕 즉위
503년	다양하게 불리던 국호를 '신라'로 정함. 왕호를 '왕'이라 정함.
512년	이사부, 우산국 정벌
514년	제23대 법흥왕 즉위
520년	법흥왕, 율령 반포, 공복 제정
527년	이차돈 순교. 법흥왕, 불교 공인
532년	금관가야 통합
540년	제24대 진흥왕 즉위
545년	거칠부 등이 『국사』 편찬
554년	관산성에서 백제 3만 대군 물리침.
555년	진흥왕, 북한산에 진흥왕 순수비 세움.
562년	대가야 통합
569년	황룡사 완공
576년	제25대 진지왕 즉위
579년	제26대 진평왕 즉위
589년	수나라, 중국 통일
618년	당나라 건국
632년	제27대 선덕 여왕 즉위
643년	고구려와 백제, 신라의 당항성 공격
645년	황룡사 9층 목탑 완성
647년	비담의 난, 제28대 진덕 여왕 즉위
654년	제29대 태종 무열왕 즉위

660년 당과 연합, 백제 멸망시킴.
661년 제30대 문무왕 즉위
　　　 원효, 당나라 유학길에서 깨달음을 얻음.
668년 당과 연합, 고구려 멸망시킴.
674년 월지(안압지) 조성
676년 문무왕, 매소성에서 20만 당군 격파
　　　 삼국 통일 완성
　　　 의상, 부석사 건립
681년 제31대 신문왕 즉위
682년 신라 최고의 교육 기관인 국학 설치
685년 9주 5소경 설치
692년 제32대 효소왕 즉위
698년 대조영, 발해 건국. 남북국 시대 개막
702년 제33대 성덕왕 즉위
722년 농민에게 정전 지급
737년 제34대 효성왕 즉위
742년 제35대 경덕왕 즉위

751년 불국사와 석굴암 건립
765년 제36대 혜공왕 즉위
771년 성덕 대왕 신종 완성
780년 제37대 선덕왕 즉위
785년 제38대 원성왕 즉위
788년 관리 등용 제도인 독서삼품과 설치
799년 제39대 소성왕 즉위
800년 제40대 애장왕 즉위
809년 제41대 헌덕왕 즉위
826년 제42대 흥덕왕 즉위
828년 장보고, 청해진 설치
836년 제43대 희강왕 즉위
838년 제44대 민애왕 즉위
839년 제45대 신무왕 즉위,
　　　 제46대 문성왕 즉위
846년 장보고, 암살됨.

857년 제47대 헌안왕 즉위
861년 제48대 경문왕 즉위
875년 제49대 헌강왕 즉위
886년 제50대 정강왕 즉위
887년 제51대 진성 여왕 즉위
888년 향가집 『삼대목』 편찬
894년 최치원, 진성 여왕에게 〈시무 10조〉 건의
897년 제52대 효공왕 즉위
900년 견훤, 후백제 건국
901년 궁예, 후고구려 건국
912년 제53대 신덕왕 즉위
917년 제54대 경명왕 즉위
918년 왕건, 고려 건국
924년 제55대 경애왕 즉위
926년 발해, 거란에 의해 멸망
927년 제56대 경순왕 즉위
935년 신라, 고려에 항복

찾아보기

ㄱ
가야 12 67 72 76
감은사 81 82
개운포 19 20 22
거서간 53
견훤 15 84 85
경문왕 34
경순왕 84 85
경애왕 84 85
경주 10 14 19 44 61 64 85
고구려 10 12 14 56 66 78
고려 15 75 85 88
고조선 10 45
관문성 30
광개토 대왕 10
괘릉 30
교관선 22 24
궁예 15 84 85
금관 42 43
금관가야 48 72
김알지 52 53
김우징 26

김유신 13 71 72 74 76 78 82
김춘추 13 71 72 76 78

ㄴ
나정 44 45 46 47
나제 동맹 11
남북국 시대 14
남산 38 44 61 85
남해 차차웅 47 50 53
내물왕 10 52 53
눌지왕 11

ㄷ
당나라 12 14 22 28 38 63 69 77 78
당항성 28
둔황 29

ㅁ
마립간 53
만파식적 83
문무왕 13 41 78 80 82
문성왕 26

ㅂ
박제상 11
박혁거세 10 44 46 53
백률사 59
백제 10 12 15 22 56 66 78
법흥왕 11 12 57 58 64
불교 11 24 28 39 54 56 58 60 62 64 80
불국사 60
비담 71 77

ㅅ
산동성 23 24
삼국사기 39 48 85
삼국유사 34 35 39
상대등 71
서라벌 10 19 21 30 38 48 71 81 84
석굴암 60
선덕 여왕 68 70 76
성골 69 71 77
소그드 31 32 33

ㅂ
수나라 12
신라원 22
신라촌 22
신문왕 80 82
실크로드 15 28 32 34 89

ㅇ
아라비아 15 18 31 32 88
안압지 41
알영정 46 47
엔닌 24
염장 26 27
오릉 47 48 52 75
완도 22
왕건 15 85
왕오천축국전 15 28 29
왜(일본) 10 11 48
용화향도 73
울산 18 20 22 30
원성왕 30 33
원효 63
월성 38 40 44 46 50 52 61 75 83

월지 40 41

유리(왕) 47 50 53

이란 15 18 28 31 32

이사금 53

이슬람 29 31 34 88

이차돈 56 57 58 59

인도 15 18 28 56 65 89

임해전 40 64

ㅈ

장보고 15 22 24 26 30 34

장안 29 38

적산법화원 24

주령구 41

중앙아시아 15 31 32 89

지증왕 11 53

진골 69 71 76

진덕 여왕 71 77

진흥왕 12 64 66 68 72

진흥왕 순수비 67

ㅊ

차차웅 50 53

처용 18 20 22 33 52

처용가 21

천경림 57 58

천관 73 74

첨성대 70

청해진 22 25 26

ㅌ

탈해 48 50 52

태종 무열왕 13 77 78

태화강 19

토우 54

통일 신라 14 56 85

ㅍ

파사(왕) 47

페르시아 18 20 31

포석정 84 85

ㅎ

한강 12 66 67

헌강왕 20 39 52 84

혜초 15 28 30 32 34

화랑 73

회역사 22

후고구려 15 84

후백제 15 84 85

흥덕왕 24 26 79

흥륜사 57 59

흥무대왕 79

사진을 제공해 주신 곳

북앤포토
게티이미지코리아
토픽이미지스
윤익이미지
규장각한국학연구원: 처용 얼굴(18쪽),
대동여지도 개운포 부분(19쪽)
망해사: 망해사 벽화(20쪽)
완도군청: 청해진 유적지(22쪽)
프랑스 국립 도서관: 왕오천축국전(29쪽)
연합뉴스: 평택 혜초 기념비(35쪽), 월성 우물,
우물 바닥의 토기와 두레박(45쪽), 마운령비, 황초령비(67쪽),
중국 구리 거울(76쪽), 경주 타워(86쪽), 선덕 여왕 행차(91쪽)
국립문화재연구소: 월성 전경(39쪽)
신라역사과학관: 신라왕경도(39쪽), 선덕 여왕 초상(69쪽)
중앙문화재연구원: 나정 팔각 건물터(45쪽)
경주시청: 오릉(47쪽)
불교중앙박물관: 인각사지 출토 유물(62쪽)

사진을 협조해 주신 곳

국립중앙박물관
국립경주박물관
국립대구박물관
국립김해박물관

웅진주니어는 이 책에 실린 모든 자료의 출처를 찾기 위해
최선을 다했습니다. 누락되었거나 착오가 있으면 다음 쇄를
찍을 때 꼭 수정하겠습니다.
작업에 협조해 주신 분들께 감사드립니다.

웅진주니어
어린이박물관 신라

초판 1쇄 발행 2017년 12월 5일 | 초판 10쇄 발행 2025년 2월 10일

글쓴이 강응천 | 그린이 박재현 | 디자인 아이디스퀘어

발행인 이봉주 | 콘텐츠개발본부장 안경숙 | 편집 조혜숙, 최예람 | 기획 강응천 | 마케팅 정지운, 박현아, 원숙영, 김지운, 황지영 | 제작 신홍섭

펴낸곳 (주)웅진씽크빅
주소 경기도 파주시 회동길 20 (우)10881
문의전화 031)956-7523(편집), 031)956-7569, 7570(마케팅)
홈페이지 www.wjjunior.co.kr | 블로그 blog.naver.com/wj_junior | 페이스북 facebook.com/wjbook | 트위터 @new_wjjr | 인스타그램 @woongjin_junior
출판신고 1980년 3월 29일 제406-2007-00046호 | 제조국 대한민국 | 사용연령 7세 이상

글 ⓒ 강응천, 2017(저작권자와 맺은 특약에 따라 검인을 생략합니다.)
ISBN 978-89-01-22073-4 · 978-89-01-15255-4 (세트)

웅진주니어는 (주)웅진씽크빅의 유아·아동·청소년 도서 브랜드입니다.
이 책은 저작권법에 따라 보호받는 저작물이므로 무단전재와 무단복제를 금지하며,
이 책 내용의 전부 또는 일부를 이용하려면 반드시 저작권자와 (주)웅진씽크빅의 서면 동의를 받아야 합니다.

잘못 만들어진 책은 바꾸어 드립니다.
※주의 1_책 모서리가 날카로워 다칠 수 있으니 사람을 향해 던지거나 떨어뜨리지 마십시오. 2_보관 시 직사광선이나 습기 찬 곳은 피해 주십시오.

* 일러두기
— 본문에 나오는 캐릭터는 독자의 이해와 흥미를 위해 사용한 것입니다.
— 띄어쓰기와 맞춤법은 국립국어원의 표기법을 기준으로 삼았습니다.
— 외국 인명과 지명은 국립국어원의 〈외래어 표기 용례집〉을 따랐습니다.